혼자가 편한 사람을 위한 관계 연습

혼자가 편한 사람을 위한 관계 연습

함규정 지음

유노북스

시작하는 말

♦

혼자가 편할수록
관계 연습이 더 중요하다

사람 만나는 일이 괜히 버겁게 느껴질 때가 있습니다. 잘 지내고 싶어 다가갔다가도 오해가 생기고, 대화가 빗나가면 차라리 혼자가 낫다고 느끼죠. 그러나 "혼자가 편하다"라는 말은 꼭 혼자여야만 행복하다는 선언이 아닙니다.

그런 마음 대부분은 지친 내가 잠시 쉬고 싶다는 신호일 때가 많습니다. 우리는 여전히 관계를 맺기 원합니다. 다만 그 관계를 이어 가는 일이 너무 벅차고 그 과정에서 쉽게 상처받을 뿐입니다.

우리는 살아가며 셀 수 없이 많은 감정을 마주합니다. 그리고 대부분 감정은 사람 사이에서 생겨납니다. 사람 사이에는 기쁘고 즐거운 순간도 많지만 말 한마디에 마음이 흔들리고, 표정 하나에 상처받고, 침묵 속에서 오해가 자라기도 하죠. 이렇듯 감정은 단순한 기분의 문제가 아니라 태도, 말, 행동, 그리고 관계를 결정짓는 중요한 출발점이 됩니다.

겉으로는 별일 없는 하루였는데 잠들기 전 마음 한편이 괜히 무겁게 느껴지는 날이 있습니다.

'왜 그때 그 말이 계속 걸리지?'
'다들 괜찮은데 나만 예민한 것 아닐까?'

의문이 들기도 하지만 우리는 종종 이런 감정을 그냥 넘겨버립니다. 그러나 그런 감정들은 나도 모르게 표정과 말투에 남아 관계를 어긋나게 합니다. 감정을 제대로 해결하지 못한 채 쌓아 두면 결국 그 감정이 관계의 문제로 되돌아오니까요.

저는 사람들이 감정을 잘 다루도록 돕는 코치입니다. "감정 코치요? 마음을 다독이는 직업인가요?"라는 질문을 자주 받습니다. 어떤 분은 "그럼 상담사나 정신과 의사와는 어떻게 달라요?"라고 묻기도 하죠.

제가 하는 일은 훨씬 더 현실적입니다. 보이지 않는 감정을 구체적인 언어와 행동으로 연결해 사람 사이의 갈등과 오해를 풀 수 있게 이끌어 주는 일을 합니다.

특히 저는 관계 안에서 반복되는 감정의 패턴을 중점적으로 살핍니다. 가까운 사람일수록 왜 더 민감해질까요? 조심스럽게 말하는데 왜 대화는 늘 어긋날까요? 우리의 관계 안에는 미처 말하지 못한 감정, 그 감정을 인식하지 못한 마음이 숨겨져 있습니다. 감정은 정리되지 않으면 남고, 쌓인 감정은 결국 다시 갈등으로 돌아오기 마련이죠.

많은 분이 이렇게 말씀하십니다.

"요즘 사람 만나는 게 점점 버겁습니다."
"괜히 만났다가 상처받느니 혼자가 더 편해요."
"뭐라고 말을 꺼내는 것도 이제는 지치네요."

이런 말들에는 단순한 회피가 아니라 잘해 보려 애쓰다 오히려 지쳐 버린 무기력한 감정이 들어 있습니다. 말을 건넸을 때 떠올린 기대와 다르게 차가운 반응이 돌아오거나, 어떻게든 관계를 이어 가려 노력했는데도 상처만 남았던 기억이 반복되면 사람은 점점 기운이 빠집니다. 결국 감정을 덮어 둔 채

이어 가는 관계는 더 쉽게 피로해지고 회복보다는 단절이 더 익숙해집니다.

감정이 풀려야 관계가 풀린다

관계도 연습이 필요합니다. 운동을 하지 않으면 근육이 약해지듯 감정을 표현하고 조율하는 힘도 자주 쓰지 않으면 점점 무뎌지기 마련입니다. 그렇다고 관계를 잘 이어 가는 사람들에게 특별한 비밀이 있는 건 아닙니다. 다만 그들은 자신이 느끼는 감정을 회피하지 않고, 말을 하기 전 잠시 멈추거나 내 반응을 돌아보는 작은 연습을 반복했을 뿐입니다. 그런 작은 습관들이 쌓여 관계의 근육을 키우고 다시 서로를 이해할 힘이 됩니다.

저 역시 감정을 코칭하는 사람이지만 여전히 감정에 흔들리고 관계에서 실수를 거듭하며 살아갑니다. 단지 어제보다는 감정을 조금 더 빨리 알아차리고, 덜 후회하는 길을 선택하려고 매번 노력할 뿐이죠.

그래서 이 책을 쓰기로 결심했습니다. 감정을 그저 공감하거나 이해하는 데에서 그치지 않고 그 감정을 어떻게 다룰지,

관계 안에서 어떻게 표현하고 회복할 수 있을지를 함께 나누고 싶었습니다. 이 책이 여러분이 맺고 있는 다양한 관계에 다시 회복의 문을 열어 주는 출발점이 되기를 바랍니다.

감정은 관계를 무너뜨리는 것이 아니라 다시 관계를 세울 수 있는 유일한 열쇠입니다. 그 열쇠를 어떻게 사용할지는 스스로에게 달려 있습니다.

혼자가 편한 당신도 다시 누군가를 만나고 싶을 때가 올 것입니다. 그럴 때 억지로 잘 지내려 애쓸 필요는 없습니다. 대신 감정을 알아차리는 연습, 솔직하게 말하는 연습, 상처가 있다면 천천히 회복하는 연습부터 시작하면 됩니다.

이 책은 바로 그 연습을 곁에서 함께 해 보자는 따뜻한 초대입니다. 감정을 정리하고 관계를 회복하는 힘은 멀리 있지 않습니다. 아주 작은 연습에서 시작됩니다.

● 차례

시작하는 말 혼자가 편할수록 관계 연습이 더 중요하다　　　**005**

1장　**너무 가까워지지도 너무 멀어지지도 않는다**
　　　　인간관계가 편안해지는 습관

불편한 사람에게 감정을 소모하지 않는다　　　**017**
거리 감각이 있는 사람, 거리 감각이 없는 사람　　　**022**
착한 사람이 되지 말고 편안한 사람이 될 것　　　**027**
혼자 잘 지내면 타인과도 잘 지낸다　　　**032**
혼자가 편한 사람을 위한 질문들　　　**036**

2장 완벽하게 잘 지내려는 부담은 내려놓는다
가족 사이에서 지치지 않는 거리 두기

부모에 대한 마음의 숙제를 떨쳐라	**041**
형제자매, 그저 그런 사이도 괜찮다	**050**
내가 선택한 가족과 지치지 않고 행복하려면	**059**
세상에 완벽한 부모는 없다	**067**
세상에 완벽한 자식도 없다	**075**
모임이 싸움이 되지 않는 현명한 기술	**083**
혼자가 편한 사람을 위한 질문들	**092**

3장 혼자여도 행복해야 둘이어도 행복하다
상처받지 않고 사랑을 지키는 태도

혼자와 사랑의 상관관계에 대하여	**097**
내 삶도 상대의 삶도 똑같이 소중하다	**105**
사랑이라는 이름으로 서로를 옭아매지 마라	**114**
각자가 함께 걸어갈 때 필요한 것	**123**
아무도 상처받지 않고 불만을 이해하는 법	**130**
서로가 아프지 않게 사과하는 법	**138**
혼자가 편한 사람을 위한 질문들	**146**

4장 일은 일로 두고 마음은 가볍게 한다
일터에서 적당하게 잘 지내는 요령

힘든 건 일이 아니라 감정이다 · 151
차라리 혼자 일하는 게 편하지 않을까? · 159
분위기에 감정 소모하지 않아도 괜찮다 · 167
내 감정을 표현하는 기술 · 174
나쁜 감정을 해결하면 관계가 넓어진다 · 182
직장 상사의 기분은 나의 기분이 아니다 · 190
혼자가 편한 사람을 위한 질문들 · 198

5장 혼자인 순간은 나를 만나는 시간이다
감정을 회복하는 자기 돌봄 방법

남에게 지쳐서 나에게 잘하지 못하는 사람에게	203
나는 혼자 있을 때 어떤 생각을 하나?	211
혼자가 편한 것과 쉬는 것은 다르다	220
혼자 시간을 쓰는 법	229
감정은 모른 체한다고 사라지지 않는다	236
지금의 나를 있는 그대로 받아들이기	244
혼자가 편한 사람을 위한 질문들	252

끝맺는 말 다시 나다운 속도로, 나만의 방식으로   254

1장

너무 가까워지지도
너무 멀어지지도 않는다

인간관계가 편안해지는 습관

불편한 사람에게 감정을 소모하지 않는다

혼자가 편한 사람들이 많습니다. 억지로 웃고 분위기를 맞추느니 혼자가 훨씬 가볍게 느껴지기 때문입니다. 사람을 만나고 돌아오는 길에 오히려 더 지쳐 있다면 차라리 혼자가 낫다고 생각하는 건 자연스러운 일이죠. 가까운 관계에서 더 크게 상처받을 때도 있고, 잘하려고 애쓴 만큼 실망이 커지기도 합니다.

하지만 혼자가 편하다는 것이 곧 외롭다는 뜻은 아닙니다. 혼자는 스스로를 돌보고 힘을 회복하는 과정이 될 수 있습니다. 중요한 건 혼자가 편하다는 이유로 무작정 관계를 끊어 내는 것이 아니라 나를 소모하는 관계와 지켜 주는 관계를 구분하는 일입니다.

주변을 살펴보면 인간관계를 비교적 수월하게 유지하는 사람들이 있습니다. 굳이 애쓰는 기색도 없고 상대방의 마음을 얻기 위해 특별한 기술을 쓰는 것 같지도 않아요. 그런데도 웬만한 갈등 없이 사람들과 잘 지냅니다.

말투나 태도가 그렇게 특별한 것 같지도 않은데 이상하리만치 사람들과 무난하게 관계를 유지하죠. 그들의 비결은 과연 무엇일까요? 관계를 부드럽게 유지하는 어떤 특별한 기술이라도 있는 걸까요?

간단합니다. 그들은 관계에 쓸 에너지를 잘 유지합니다. 더 잘 하는 법뿐만 아니라 덜 지치는 법을 알고 있는 것이죠.

많은 사람은 좋은 관계를 '열심히 노력해서 쌓아야 하는 것'이라 생각합니다. 먼저 연락하고, 말조심하고, 상대한테 상처가 될 만한 말은 삼가며, 매번 배려하는 것. 관계를 오래 유지하기 위해 끊임없이 배려심을 보여야 한다는 생각이 자리 잡고 있어요. 관계를 위해 '애쓰는' 것이 당연하다는 것이죠.

물론 기본적인 예의는 관계의 단단한 밑거름이 됩니다. 하지만 우리가 지금까지 습관처럼 해 왔던 애씀의 의미는 사전적인 의미와는 조금 다릅니다. 나를 지나치게 깎아내리거나,

상대의 눈치를 보며 스스로를 숨기며 관계를 유지하는 걸 의미하니까요. 이런 관계는 시간이 갈수록 좋은 관계를 위한 '노력'이라는 이름으로 포장되고 결국에는 감정 소모로 변질됩니다. 그래서 점점 더 많은 사람들이 이렇게 말하고는 합니다.

"결국 혼자가 편하더라고요."

정말 그럴까요? "차라리 혼자가 낫다"라는 말은 '이제는 더 애쓰고 싶지 않다'는 고백일 수 있습니다. 감정을 소모하면서까지 관계를 유지하고 싶지 않은 마음, 그 지친 마음이 혼자 있는 쪽을 선택하게 만드는 것이죠.

오늘은 내가 그에게 맞췄으니 내일은 그가 배려해 주길 기대하지만, 기대는 실망이 될 때도 많습니다. 하지만 실망한 감정을 표현하지도 못한 채 괜찮은 척 웃으며 또 다음 만남을 준비합니다. 그렇게 집으로 돌아오는 길에서 마음은 괜히 울적해집니다.

'나는 도대체 왜 이렇게까지 해야 하지?'

사람에 대한 피로는 그렇게 내면에 차곡차곡 쌓입니다.

적당한 거리가 있을 때
오히려 편안한 이유

인간관계를 잘 맺는 사람들은 좀 다릅니다. 이들은 관계의 유지보다 나의 평온을 먼저 생각합니다. 누군가 무례한 말을 하면 그것이 단지 그 사람의 기분 탓일 수도 있다고 여기는 것이죠.

그들은 '내가 뭘 잘못했을까?'라며 자기 의심의 회로에 갇히지 않습니다. 모든 말과 표정을 곱씹으며 의미 너머의 의미를 해석하지 않아요. 상대방의 의도를 깊이 파고들기보다 자신의 감정을 중심에 두고 관계를 바라봅니다.

이들은 관계에 일희일비하지 않습니다. 사이가 조금 가까워졌다고 상대에게 무조건 기대지도, 기대하지도 않고 약간 서운한 일이 생겨도 그간의 인연을 단번에 끊으려 하지 않아요. 상황을 긍정적으로 해석할 수 있는 내면의 여유가 있고 모든 사람과 친밀해질 필요는 없다는 자신만의 확신이 있습니다. 적당한 거리에서 나를 잃지 않고 만남을 지속하는 기술을 갖춘 현명한 사람들인 것이죠.

우리 주변에는 '모든 사람과 잘 지내야 한다'는 압박감을 가지는 사람이 많습니다. 사회는 모임에서 갈등 없이 원만히 지내는 사람을 유능하다고 여기니까요. 우리는 좋은 인상을 남기기 위해 부딪힘을 피하고 불편한 관계도 억지로 끌고 갑니다. 그러나 그렇게 애쓴 뒤에 남는 건 만족감이 아니라 피로감뿐입니다.

관계는 맞추는 것이 아니라 조율하는 것이고 조율의 출발점은 내가 어디까지 노력할지를 스스로 정하는 것입니다. 인간관계에서 중요한 건 누구와도 불편하지 않게 지내는 능력이 아닙니다. 불편한 관계를 알아차리는 안목과 멈출 줄 아는 용기입니다.

나에게서 에너지를 뺏는 관계, 자꾸만 내 자존감을 낮추는 관계, 매번 내가 예민해지는 대화를 하게 만드는 관계들로부터 멀어져야 합니다. 이는 결코 이기적인 게 아닙니다. 오히려 나를 보호하기 위한 책임감 있는 행동입니다. 다른 사람 때문에 하루가 망가지는 일이 줄어들수록 내 일상은 건강해집니다. 나와 맞는 사람과 함께 있을 때의 편안함은 나와 다른 사람의 경계가 분명할 때 생깁니다.

체크 포인트

모든 관계를 유지하려고 노력하지 마세요. 불필요한 불편함은 끊어 내야 합니다.

거리 감각이 있는 사람,
거리 감각이 없는 사람

관계에서 스트레스를 받지 않는 사람들은 관계를 맺을 때 자신만의 감정적인 거리감을 유지합니다. 특정한 기준을 갖고 있는 것이죠. 그들은 모든 관계를 다 밀접하게 유지하지 않습니다. 그렇다고 다른 사람들에게 무관심하거나 차갑게 대하는 것은 아닙니다. 관계의 강도를 적절히 조절하는 거죠. '이 사람은 여기까지', '이 관계는 이만큼'이라는 나만의 감각을 파악하고 있는 사람들은 감정이 닳아 없어지기 전에 스스로 균형 잡는 법을 알고 있습니다.

지금껏 우리는 사람들과 만날 때 친절하고 유연한 태도를 보이는 법은 배웠지만, 정작 자기를 보호하기 위해 경계를 설정하는 법은 배운 적이 없습니다. 누군가의 말이나 행동에 상처를 받으면서도 '진심이 아닐 거야', '내가 좀 참으면 되지, 뭐'라며 넘기려고 노력했습니다.

하지만 상처는 부정적인 감정을 만들고 부정적인 감정은 마음속에서 쉽게 사라지지 않고 차곡차곡 쌓입니다. 실망은 서운함이 되고 서운함은 원망이 되며 원망은 결국 관계를 회피하게 만듭니다. '조금만 더 참아 보자' 하던 관계가 어느새 '이제는 더는 못 하겠어'가 되는 순간이 오는 거죠. 그때는 이미 마음이 굳게 닫힌 뒤라 관계와 감정을 되돌리기 어려운 상태가 돼 버려요.

관계를 편안하게 유지하는 사람은 이런 악순환을 현명하게 방지합니다. 적정한 거리가 상대를 밀어내기 위한 장치가 아니라 관계를 오래 유지하기 위한 일종의 건강한 관리라는 것을 알기 때문입니다.

'부탁을 거절하면 상대가 실망할까 봐', '불편한 티를 내면 괜히 분위기를 깰까 봐', '나를 예민하고 나쁜 사람으로 볼까 봐' 매번 참고 받아 주다 보면 어느새 사람과 관계가 부담스러워집니다. 만남에서 오는 기쁨이나 만족감이 사라지는 것이죠. 말로 표현하지 못한 불편함은 얼굴의 표정, 말투, 에너지로 흘러나와 결국 관계가 틀어집니다.

문제는 상대가 아니라
내가 만드는 것일지도 모른다

사람들 사이에 있다가 집에 돌아오면 지칠 때가 있습니다. 말을 많이 하지 않았는데도 어깨가 뭉치고, 심장이 괜히 두근거리고, 머리가 무겁게 느껴지는 식입니다. 이런 내 몸의 감각은 단순한 기분 탓이 아니라 몸이 보내는 목소리일 수 있습니다. 마음이 더는 버티기 힘들다는 메시지인 것이죠.

'내가 너무 예민하게 받아들이나?'라고 자책만 하는 건 의미가 없습니다. 내 감정이 나에게 어떤 신호를 보내고 있다는 사실을 인정하는 것이 먼저입니다.

아래와 같은 상황이 자주 발생한다면 건강한 관계가 무너지고 있다는 뜻일 수 있어요.

싫은 약속도 쉽게 거절하지 못하고 따라간다.
내키지 않는 부탁도 외면하지 못하고 결국 들어준다.
"먼저 간다"고 말하기 눈치 보여 퇴근을 미룬다.
말하고 싶은 의견이 있어도 분위기를 깰까 봐 그냥 삼킨다.

다른 사람을 도와주지 못하면 미안함이 계속 남는다.

불편한 마음이 쌓이면 관계는 무거워지고 사람 만나는 일이 점점 피곤해집니다. 그러다 어느 순간 그 사람과 '일정한 거리를 둬야겠다'는 생각조차 들지 않게 됩니다. 아예 그 사람이 싫어서 '그냥 앞으로 보지 말아야겠다'는 결론에 도달하죠.

이런 문제는 상대방이 싫어진 게 아니라 나를 너무 오래 방치한 것에서 비롯될 때가 많습니다. 그 사람이 아니라 내 태도가 문제를 악화시킨 것이죠.

인간관계에서 경계를 세운다는 건 이기적인 일이 아닙니다. 오히려 내 감정의 안전지대를 지키는 적극적인 노력입니다. 누군가를 미워해서가 아니라 내가 더는 나를 괴롭히지 않기 위한 건강한 선택인 것이죠.

힘든 관계를 뒤로하고 "내가 좋아서 한 일인데, 뭘 바라겠어"라며 애써 무던한 척해도 비슷한 일이 반복되면 얘기가 달라집니다. 그러니 더 늦기 전에 멈춰야 할 지점을 찾을 필요가 있습니다.

관계는 한 사람이 일방적으로 맞추는 것이 아니라 각자가 일정한 거리를 유지하며 함께 걸어가는 여정입니다. 때로는 한 발짝 물러서야 서로를 더 잘 볼 수 있고 더 오래 갈 수 있습니다. 진정한 친밀함은 적당한 거리에서도 서로의 마음을 존중할 수 있을 때 피어납니다.

그리고 어떤 때는 사람들과 함께 있을 때보다 혼자 있을 때 관계를 더 잘 이해하게 됩니다. 나라는 사람의 경계가 또렷해졌을 때 비로소 누구와 어떤 방식으로 관계를 맺고 싶은지 선명하게 느낄 수 있으니까요. 혼자는 함께의 반대가 아니라 더 나은 관계로 향하는 준비 단계입니다. 거리를 두는 건 나쁜 게 아니라 꼭 필요한 일인 것입니다.

 **체크 포인트**

관계에서 불편함이 계속된다면, 그 느낌은 거리를 조절하라는 몸의 신호입니다.

착한 사람이 되지 말고
편안한 사람이 될 것

　인간관계가 어렵지 않은 사람들은 모든 사람과 잘 지낼 필요는 없다고 생각합니다. 오히려 모든 관계에 똑같이 에너지를 쏟는 것이 감정을 아주 빠르게 소진한다는 것을 알고 있죠. '좋은 사람'이라는 허황된 평판보다 쉽게 지치지 않는 관계를 선택할 수 있는 '나다운 사람'이 되는 것이 더 중요하다는 사실을 터득한 것입니다. 이 단순한 기준을 받아들이는 순간 삶이 달라지기 시작합니다.

　우리는 어릴 적부터 착한 아이 증후군에 시달려 왔습니다. "다 같이 사이좋게 지내야지", "모두를 공평하게 대해야 해" 같은 식으로요. 물론 이런 말들은 갈등을 줄이고 조화로운 관계를 유지하기 위한 교육적인 메시지였지만, 동시에 '모든 사람에게 잘해야 한다'는 압박감을 심어 줬습니다.

그 결과, 우리는 누군가와 어색해지거나 거리감이 생기면 불안과 죄책감을 느끼게 됐습니다. 나를 둘러싼 모든 관계를 원만하게 유지하는 사람이 성숙한 사람이라는 착각에 빠져 버린 것이죠.

나이가 들며 다양한 관계를 겪다 보면 아무리 시간이 지나도 쉽게 가까워지지 않는 사람이 있고 굳이 애쓰지 않아도 잘 통하는 사람이 있다는 걸 체감하게 됩니다. 내가 편하거나 불편한 관계는 나의 노력 때문에 차이가 생기는 게 아니라 애초에 관계의 성격과 구조가 달랐기 때문이라는 것을 깨닫는 것이죠.

이처럼 사람마다 관계에 필요한 온도와 거리, 깊이와 밀도가 다릅니다. 누군가는 하루도 쉬지 않고 친구들을 만나야 활력을 얻고 누군가는 사랑하는 연인이나 가족들과의 대화만으로도 체력이 충전될 수 있죠.

하지만 우리는 종종 그런 차이를 무시하며 그저 알고 지내는 사람이 많을수록 좋고 인맥이 많아야 능력이 있다는 말에 휘둘립니다. 나와 맞지 않는 사람을 만나고 불편한 관계도 억지로 이어 가며 살아가죠. 맞지 않는 옷을 억지로 입고 다니는 것처럼 어울리지 않는 관계에 스스로를 계속 끼워 맞추다 보면 결국 감정은 마모되고 체력은 탈진됩니다.

특히 직장처럼 매일 마주치는 관계나 가족처럼 너무 거리가 가까운 관계는 더 복잡합니다. 거절도 어렵고, 거리 두기도 애매하고, 무시할 수도 없으니 불편한 진심과 지친 에너지를 감춘 채 관계를 이어 가야만 합니다. 그러다 보면 어느새 나 자신을 숨기는 것이 습관처럼 돼 버립니다. 내가 피곤하고 불편하다는 몸과 마음의 신호를 받아들이지 못하고 '그냥 내가 참는 게 낫다'는 수동적인 관계 패턴에 길들여집니다.

결국 내가 누구인지보다 상대가 나를 어떻게 보느냐에 따라 행동하고 말하는 일이 늘어나고, 내 감정의 주도권을 잃게 됩니다. 이런 상태가 오래 지속되면 관계는 어떻게든 유지된다고 해도 나라 사람은 점점 사라집니다.

모든 사람과
반드시 잘 지낼 필요는 없다

모든 관계에 친절하게 대하는 사람일수록 내가 어떤 관계에서 지치고 있는지를 자각하지 못합니다. 모두에게 다정해야 한다는 착한 사람 증후군은 감정을 당당히 표현하지 못하게, 상대로 인해 소진되는 내 마음을 외면하게 만듭니다. 그러다 어느 순간 주위에 사람은 많지만 오히려 외로운 역설적인 상황에 빠지게 되죠.

모든 사람과 잘 지낼 필요는 없습니다. 오히려 모든 사람에게 잘하려는 마음 때문에 정말 잘 지내야 할 사람에게 쏟을 여유를 갉아 먹을 수도 있어요. 누구나 시간과 에너지가 한정돼 있습니다. 좋은 감정을 주고받을 수 있는 관계에 내 시간과 에너지를 더 많이 투입하는 건 이기적인 게 아니라 현명한 선택입니다.

나와 맞지 않는 관계를 줄이기 시작하면 삶의 다른 영역이 회복됩니다. 자잘한 감정 소모가 줄어들고, 관계에 대한 불안이 사라지며, 내 마음을 있는 그대로 꺼낼 수 있는 사람들에게 더 집중할 수 있게 되죠.

내가 편안한 관계는 상대도 편안할 가능성이 높고, 내가 불편한 관계는 자연스럽게 멀어지기 마련입니다. 우리는 결코 모든 관계를 다 품을 수 없습니다. 손을 놓을 줄도 아는 사람, 인연의 온도를 조절할 줄도 아는 사람이 결국 관계에서도 오래 살아남습니다. 진짜 나를 지켜 주는 관계야말로 삶을 단단히 버티게 하는 힘이 됩니다.

 **체크 포인트**

내가 편한 관계를 찾고 집중하세요.

혼자 잘 지내면
타인과도 잘 지낸다

　인간관계가 편안한 사람들은 혼자서도 강합니다. 관계를 맺고 유지하기도 하지만 혼자만의 시간을 즐길 줄 알고 가치 있게 활용할 줄 아는 것이죠. 이는 단순히 고독을 견디는 것이 아니라 그 시간을 자신의 성장과 회복을 위한 소중한 기회로 삼는 것을 의미합니다.

　건강한 인간관계를 누리는 사람들은 혼자와 외로움을 구분할 줄 알며 오히려 이런 시간을 환영합니다. 혼자 있는 시간이 자기 성찰과 재충전의 기회라는 것을 잘 알고 있으니까요. 그들은 이런 시간을 자신의 내면을 들여다보고, 자아를 강화하며, 체력을 회복하는 소중한 시간으로 인식하고 사용합니다.

이런 태도는 자기 효능감과 자존감을 높이는 데 큰 도움이 됩니다. 혼자서도 충분히 행복하고 의미 있는 시간을 보낼 수 있는 사람일수록 타인에 대한 의존도가 낮고 더욱 건강한 관계를 맺을 수 있습니다. 이는 역설적으로 더 깊고 진정성 있는 인간관계로 이어집니다.

또한 그들은 혼자만의 시간을 반깁니다. 타인과 함께 보내는 시간은 분명 소중하지만 그에 못지 않게 혼자 있는 시간을 가치 있게 여기기 때문입니다. 남을 신경 쓰지 않고 오로지 자신에게 집중하며 지친 마음을 회복하는 시간으로 최대한 활용하는 것이죠.

직장 동료들을 배려하느라 평소에 먹지 못했던 소울 푸드를 먹으러 가기도 하고, 연인의 취향을 고려하느라 보지 못했던 내 취향의 영화를 챙겨 보기도 하죠. 바쁘다는 핑계로 소홀했던 운동도, 집안 정리도 하고요. 생각보다 할 일이 무궁무진합니다. 혼자 있지만 외롭다는 생각은 하지 않습니다.

반면 어떤 사람들은 혼자가 되는 걸 두려워합니다. '내가 부족해서 혼자 남겨진 거구나', '내 곁에는 아무도 없구나'라며 부정적인 생각에 빠지거나 자책감을 느끼기도 하죠.

그들은 혼자 있는 시간을 나를 위해 건설적으로 쓰기보다는

'나는 왜 혼자인가'에 초점을 두고 괴로워합니다. 불안감 때문에 주어진 시간을 온전히 사용하지 못하는 것이죠.

편한 시간을 어떻게 더 의미 있게 만들까?

혼자만의 시간을 효과적으로 활용하는 방법은 다양합니다. 누구나 평소에 하고 싶었지만 미뤄 뒀던 취미 활동이 있을 것입니다. 독서, 그림 그리기, 음악 감상 등의 가벼운 활동은 자기 계발과 내면의 안정에 도움이 됩니다. 명상이나 요가 같은 마음 챙김 활동을 통해 평소 소홀했던 감정과 생각을 깊이 들여다볼 수도 있습니다.

운동도 혼자 시간을 보내는 좋은 방법 중 하나입니다. 집에서 홈 트레이닝을 하거나, 하천을 따라 러닝을 하고, 가벼운 산책 등을 통해 신체 건강을 증진하는 동시에 정신적 스트레스도 해소할 수 있습니다. 이런 활동들은 자기 관리 능력을 향상시키고 삶의 질을 높이는 데 도움이 됩니다.

또한 혼자만의 시간은 창의적인 활동을 하기에 최적의 조건입니다. 외부 요소로부터 방해받지 않는 시간은 글쓰기, 음악 작곡, 새로운 아이디어 구상 등 창의성을 발휘하는 활동에 오롯이 집중할 수 있게 하며, 몰랐거나 잊었던 재능을 발견하도록 해 주죠.

결국 혼자만의 시간은 자신의 목표와 꿈을 재정립하고 미래를 계획하는 데도 활용할 수 있습니다. 일상의 분주함에서 벗어나 큰 그림을 그릴 수 있는 여유가 생기기 때문입니다. 이를 통해 삶의 방향성을 재점검하고 더 나은 미래를 위한 구체적인 계획을 세울 수 있습니다.

혼자 있는 시간을 즐기고 가치 있게 활용하는 능력은 건강한 인간관계의 핵심 요소입니다. 혼자 시간을 보냈을 뿐인데 자기 자신과의 관계가 돈독해지고 타인과의 관계도 더욱 풍요로워지는 것이죠. 따라서 혼자 있는 시간이 편한 사람은 그 시간을 더 반기고 적극적으로 활용하는 태도를 갖는 것이 중요합니다. 이는 더 균형 잡힌 삶과 더 깊이 있는 인간관계로 이어지는 기회가 될 것입니다.

 **체크 포인트**
혼자만의 시간을 잘 보내는 사람이 관계도 잘 맺습니다.

혼자가 편한 사람을 위한 질문들

○ 나는 정말 혼자가 편한 걸까, 아니면 더 건강하게 관계 맺는 법을 모르는 걸까?

○ '괜찮아'라는 말 뒤에 숨긴 내 진짜 감정은 무엇일까?

○ 나는 어떤 관계에서 특히 에너지를 많이 소모할까?

○ 인간관계에서 체력을 지키려면 어느 정도의 거리와 경계가 필요할까?

○ 나를 편안하게 해 주는 관계와 그렇지 않은 관계를 구분하는 기준은 무엇일까?

○ 좋은 사람이 되려는 부담을 내려놓으면 내 관계는 어떻게 달라질까?

○ 나는 어떤 관계를 이어 가고 싶으며, 어떤 관계를 멈추는 것이 좋을까?

○ 혼자 있는 시간에 어떤 새로운 모습의 나를 발견할 수 있을까?

○ 지금 내게 더 필요한 건 사람들과의 만남일까, 아니면 나만의 시간일까?

○ 상대방을 배려한다는 이유로 마음을 숨긴 적이 있을까?

2장

완벽하게 잘 지내려는 부담은 내려놓는다

가족 사이에서 지치지 않는 거리 두기

부모에 대한
마음의 숙제를 떨쳐라

우리는 성인입니다. 경제적으로 독립했고, 사회에서도 나름의 역할을 해내고 있으며, 누군가의 상사이거나 스승이기도 합니다. 그런데 부모와의 관계에서는 여전히 자식이라는 역할에 머무를 수밖에 없습니다. 문제는 여전히 어린아이에 가깝다는 것이죠.

부모님은 여전히 나의 오늘 일정을 궁금해하시고, 집에 늦게 들어가기라도 하면 걱정스러운 전화가 걸려 옵니다. 결혼한 지 꽤 시간이 흘렀는데도 배우자와의 사이는 좋은지, 아이는 잘 키우는지, 내 집 마련 계획은 어떻게 되고 있는지 등을 하나하나 챙겨 물으시죠.

대화 중에 "그건 네가 잘 몰라서 그래", "그러다 손해 보면 어쩌려고 그러니", "네가 내 나이 돼 보면 알아" 같은 말을 듣다 보면 나도 모르게 움츠러듭니다. 나이로는 이미 어른이 됐지만 부모님 앞에서는 영원히 아이가 되는 것 같습니다. 이는 자칫 잘못하면 무력감으로 이어지기도 합니다.

　물론 이 모든 걱정과 관심이 사랑에서 비롯된 표현이라는 걸 누구보다 잘 알고 있습니다. 하지만 반복되는 스트레스에 감정은 점점 고단해집니다. 부모님의 말에 일일이 설명하거나 반박하는 것도 피곤하고, 그냥 흘려듣기에는 마음 한편에 불편함만 쌓여 가죠. 특히 부모님이 나를 더 잘 안다는 듯한 태도로 일방적인 조언을 하실 때는 나라는 사람의 현재 모습을 인정받지 못하는 느낌도 듭니다.

　우리는 부모님의 기대에 맞추려고 부단히 노력하며 살아왔습니다. 좋은 성적, 안정적인 직장, 결혼 시기와 방식까지 '당연히 이렇게 해야 한다'는 부모님 세대의 기준에 익숙하죠. 그러다 보니 지금도 부모님과 의견이 충돌할 때면 단순히 견해 차이를 넘어 죄송함이나 실망시켰다는 죄책감을 느끼는 경우가 많습니다.

　물리적으로는 독립했어도 감정적으로는 독립이 쉽지 않은

게 현실입니다. 부모님의 마음이 상하지 않게 말하고 싶지만 내 감정을 당당하게 표현하지 못해서 쌓인 감정이 어느 순간 폭발하거나 사이를 냉랭하게 만들기도 합니다.

부모님과의 갈등은 그래서 더 어렵습니다. 갈등의 원인을 정확히 부모님께 말하기도 어렵고 내 입장을 조심스럽게 전달하려 해도 부모님이 상처받을까 망설이게 됩니다. 부모님의 말에 상처를 받았다고 말하는 것도 어딘가 불효처럼 느껴지고요.

우리는 여전히 '어른이 된 자녀'라는 낯선 정체성 안에서 혼란스러운 시기를 지나고 있는지도 모릅니다. 어린 시절에 관계를 맺던 방식이 더는 통하지 않는데, 성인이 되고 난 후 새롭게 바뀌어야 할 방식에는 부모와 자식 모두 아직 서툴기만 합니다.

다 큰 자녀가 부모에게 느끼는 솔직한 감정

30대 직장인 민지 씨는 거의 매주 주말이면 부모님 댁을 방문합니다. 그런데 어릴 적부터 부모님과 대화가 많은 편이었지만 요즘은 그 시간이 점점 부담스럽게 느껴집니다. 부모님 댁에 가는 길이 마음의 숙제처럼 느껴질 때도 있어요.

가장 큰 이유는 잔소리입니다. 부모님은 틈만 나면 결혼 이야기를 꺼내시며 "우리는 네 나이에 너를 키웠어", "결혼할 수 있을 때 얼른 해야지" 같은 말을 끊임없이 하십니다. 민지 씨는 혼자 지내는 삶에 만족하며 살고 있지만 부모님의 말들은 스스로를 부족한 사람처럼 느끼게 만듭니다.

생활 방식에 대한 지적도 이어집니다. "옷차림이 너무 튀는 거 아니니", "살쪘네", "요즘 운동 안 하지?" 같은 말들은 사소해 보이지만 민지 씨의 마음에 반복적으로, 은근하게 상처로 스며듭니다. 지금의 나로서는 충분하지 않다는 느낌을 지우기 어렵죠.

부모님을 싫어하는 건 아니지만 자취방으로 돌아올 때는 '역시 괜히 간 것 같다'는 후회가 밀려옵니다. 고향에 다녀올수록 내가 작아지는 것 같습니다. 어느새 자연스럽게 방문 횟수가 줄어듭니다.

혼자의 삶이 편한 사람도 있습니다. 결혼이 늦었다는 말보다 "너는 충분히 잘 살고 있다"라는 말을 듣고 싶은 게 솔직한 마음입니다. 아이를 낳으라는 성화보다 혼자 사는 내 생활을 존중해 주는 말 한마디가 훨씬 큰 힘이 되니까요.

40대 준호 씨는 명절 때마다 부모님과 갈등을 겪습니다. 부모님은 명절 때 준호 씨 가족이 고향에 더 오래 머물러 주기를 바라세요. 거리가 멀어서 손주들을 자주 보지 못하는데 그렇게 짧게 있다 갈 거면 차라리 내려오지 말라고까지 하십니다.

"이번에는 며칠 있다 갈 거니?"
"내일 저녁에 올라가야 해요. 회사에 일이 있어서요…."

집에 도착해서 자리에 앉자마자 바로 어머니의 질문이 날아옵니다. 준호 씨의 대답에 어머니의 얼굴이 굳어집니다.

"아이고, 또 그 핑계니? 일 년에 몇 번 오지도 않으면서. 너희 온다고 음식 다 해 놨는데 반나절 있다 가면 어쩌자는 거니?"

아버지도 옆에서 한마디 거드십니다.

"그래, 멀리서 왔으면 좀 더 있다 가지."

준호 씨는 쉽게 말을 잇지 못합니다. 매년 반복되는 상황에 지쳐 갈 뿐이죠. 멀리 사는 탓에 자주 찾아뵙지 못하는 죄책감, 회사와 아이들 학교 일정을 고려해야 하는 현실적인 어려움, 그리고 부모님의 서운함이 뒤엉킵니다. 좋은 뜻으로 오른 귀성길이지만 벌써부터 마음이 무거워집니다.

부모의 사랑이
상처가 되기 전에

부모님과의 관계는 오랜 시간 쌓여 온 감정의 결이 있다 보니 한두 번의 대화로 해결되기 어렵습니다. 그래서 어떤 사람들은 아예 부모님과 일정한 거리를 두기도 합니다.

하지만 모든 상황에서 거리 두기가 해답이 되는 것은 아닙니다. 부모님의 사랑 방식과 나의 감정이 서로 다른 지점을 향한다는 것을 알면서도 부모님에 대한 애증을 쉽게 떨칠 수가 없으니까요. 결국 갈등을 조절하고 회복하는 단계로 바꾸려고 노력하는 것이 갈등을 완전히 없애려는 것보다 더 현실적일 수도 있습니다.

부모님과의 관계에 대한 설문 조사 결과들을 보면 30~40대가 부모님과의 갈등에서 가장 큰 스트레스를 느끼는 지점은 잦은 간섭과 기대에 대한 압박감이었습니다. 특히 기혼자의 경우 부모님과의 갈등이 배우자와의 갈등으로까지 번지는 경우도 많습니다.

우리는 종종 효도라는 이름으로 스스로 무거운 짐을 어깨에 올리고는 합니다. 하지만 관계는 어느 한쪽의 희생만으로는 오래가기 어렵습니다. 부모님과의 관계도 나를 지키는 선에서 다시 설계할 수 있어야 합니다. 부모님은 변하지 않으실 것이라고 단정 짓기 전에 나의 말하는 방식, 대화의 태도를 먼저 점검해 보는 것도 변화의 좋은 시작이 될 수 있습니다. 감정을 쌓아 두기보다 서운함이 생겼을 때 조금 더 건강하게 표현하고 풀어내는 연습이 필요합니다.

그렇다면 감정을 소모하지 않으면서도 부모님과 관계를 조금씩 회복해 가는 방법이 있을까요? 몇 가지 현실적인 전략을 소개해 보겠습니다.

첫째, I 메시지로 말하기.

부모님과 갈등이 반복되는 상황에서 대화를 한다면 논쟁보다 감정 전달에 초점을 두는 것이 핵심입니다.

"왜 자꾸 그러세요."

이런 비난이 섞인 말은 심리적인 벽을 두텁게 하고 대화를 어렵게 만듭니다.

"엄마가 걱정하는 건 알지만 그렇게 말할 때마다 내가 초라해지는 느낌이 들어."

반면 이렇게 "나는 ~하게 느꼈다"라는 표현은 상대의 거부감을 자극하지 않으면서도 내 감정을 효과적으로 전달할 수 있게 도와줍니다.

부모님의 말에 상처를 받더라도 바로 반응하는 게 아니라 "지금은 기분이 좋지 않아서 조금 생각을 정리한 뒤에 이야기하고 싶어요"라고 말하며 시간을 버는 것도 좋습니다. 직접적인 말 대신 손 편지나 메시지를 통해 감정을 정리해 전달하는 것도 괜찮습니다. 말보다 비교적 덜 감정적인 방법들이죠.

둘째, 기대 낮추기.

부모님과 갈등이 생길 때 지금 당장 완전히 해결해야겠다는 마음으로 접근하면 대화가 무거워지고 실패할 확률이 높습니다. 갈등 해결의 목표는 내 감정을 표현하고 그에 대한 부모님의 대답도 듣는 정도면 충분합니다. 즉각적인 변화는 없을 수 있지만 이런 경험이 누적되다 보면 관계는 서서히 회복됩니다. 짧고 가벼운 대화로 시작해 보세요.

셋째, 역할 전환하기.

성인이 돼도 여전히 부모님이 절대적인 권위자처럼 느껴질 때가 많습니다. 그럴수록 부모님을 나와 다를 것 없는 하나의 인간으로 바라볼 필요가 있습니다. 부모님도 상처받은 경험이 있고 세상의 빠른 변화에 적응하지 못해 불안할 수 있다는 걸 이해하는 순간 내 감정도 한결 부드러워집니다.

부모님의 삶에 대해 한번 질문해 보세요.

"아빠가 제 나이 때는 어떤 고민이 있으셨어요?"
"엄마는 결혼했을 때 어땠어요?"

이런 질문은 대화의 분위기를 부드럽게 전환시키며 부모님을 새롭게 바라보고 이해하는 계기를 만들어 줍니다.

 **체크 포인트**
가족처럼 가까운 관계일수록 감정을 조심히 다뤄야 합니다.

형제자매,
그저 그런 사이도 괜찮다

　형제자매는 부모님 다음으로 가장 오래 알고 지낸 관계입니다. 하지만 오래 알았다고 꼭 가까운 건 아닙니다. 자라 온 환경에 따라, 서로의 성격에 따라 '가깝지만 어색한 관계'나 '멀지는 않지만 친하지도 않은 관계'가 되기도 합니다.

　왜 형제자매는 이렇게 애매한 관계가 되기 쉬울까요? 어릴 때는 집이라는 울타리 안에서 늘 함께 있었기 때문에, 당연히 친해야 하고 마음이 통해야 한다는 덕목 아래에서 자랐습니다. 하지만 시간이 지나고 나이가 들수록 각자의 삶과 가치관이 달라지고 경제력, 부모와의 관계, 성격 차이 등이 드러나며 자연스럽게 거리감이 생기죠. 그럼에도 '가족끼리는 잘 지내야 해', '형제는 평생 가는 사이야' 같은 말들에 얽매여 힘든 관계를 억지로 끌고 가려 합니다. 어릴 때는 그냥 한번 싸우고 넘겼던 일이 성인이 된 이후에는 상처로 남기도 하죠.

어떤 형제는 부모의 사랑을 두고 평생 서로 경쟁하며 살기도 하고 또 어떤 자매는 서로의 삶에 별다른 관심 없이 남처럼 살아갑니다. "어떻게 피를 나눈 형제자매끼리 그렇게 데면데면하게 살아갈 수 있나요?"라고 말할 수도 있어요. 하지만 형제라는 이유만으로 지나친 기대를 하며 상처를 주고받는 것보다는 안전거리를 지키며 지내는 것이 더 건강한 방식일 수 있습니다.

다름을 인정하고 '그냥 그런 사이'로 관계를 유지하는 것도 괜찮은 방법입니다. 오히려 그 적정한 거리가 서로를 더 편하게 만들고 관계의 갈등을 줄여 주는 완충 지대가 되기도 하니까요.

왜 첫째는 늘 양보하고 동생은 괜히 눈치를 볼까?

선영 씨와 동생은 나이 차이가 2살밖에 나지 않습니다. 하지만 선영 씨는 자라면서 부모님이 늘 동생을 더 많이 신경 쓰고 챙긴다고 느꼈습니다. 맛있는 음식이 있으면 동생에게 먼저 주셨고, "언니는 다 컸으니까"라는 말과 함께 선영 씨의 양보를 당연하게 요구하고는 했습니다. 새 옷을 살 때도 동생이 먼저였고 생일 선물이나 새로운 장난감도 대부분 동생 차지였죠.

한번은 선영 씨가 오랜 시간 고대 끝에 가지게 된 장난감이 있었는데 부모님이 "동생이 좋아하니까 양보하자"라고 말씀하셔서 억지로 포기했던 기억도 있습니다. 선영 씨가 이런 상황에 대해 불만을 표현하면 부모님은 늘 "언니는 동생한테 양보하는 게 맞아"라는 말을 반복하셨습니다. 어린 선영 씨는 그 말에 대놓고 반박하지는 못하고 마음속에 말 못할 서운함을 조금씩 쌓아 갔습니다.

재구 씨는 형과의 관계가 늘 껄끄럽습니다. 어릴 적부터 사소한 일로 자주 다퉜기 때문이죠. 형제 사이의 경쟁은 재구 씨를 만성적인 긴장 상태로 만들었습니다. 성인이 된 지금도 명절이나 가족 모임이 다가올 때면 긴장감이 맴돌며 은근한 신경전을 벌이기도 합니다. 둘의 성향과 생활 습관, 일하는 분야가 모두 다르다 보니 대화가 길어질수록 사소한 말에도 더 예민하게 반응하게 됩니다.

한두 번 말꼬리를 잡다 보면 곧바로 분위기가 어색해지고 서로 얼굴을 붉히기 일쑤입니다. 가족들이 모두 모이는 자리에서는 부모님도 대화 중간중간 형과 재구 씨의 눈치를 살피십니다. 당사자들도 불편하지만 지켜보는 가족들마저 조심스러워하는 분위기 속에서 재구 씨는 매번 피로감에 시달립니다.

같은 배에서 나왔어도
나와는 다른 사람

형제자매 관계가 불편할 때 가장 어려운 건 우선 그 감정을 인정하는 일입니다. 보통은 '내가 괜히 예민한 건 아닐까?', '그래도 가족 사이인데 너무 심했던 건 아닐까?' 하는 생각에 나를 탓하게 됩니다. 부모님이 함께 계신 자리에서는 특히 더 죄송스럽기도 하고 은근히 관계 회복을 종용하는 분위기에 마음이 더 불편해질 때도 있습니다. "가족은 무조건 잘 지내야 한다"라는 말이 버거운 짐처럼 느껴지기도 하죠.

하지만 감정은 억누른다고 해서 사라지지 않습니다. 환경 때문에, 상황 때문에 외면했던 감정은 언제든 다시 불쑥 나타나 더 큰 피로감으로 되돌아옵니다. 어릴 때는 어쩔 수 없이 한 공간 안에서 함께 지냈지만 성인이 된 지금은 서로의 다름을 더 크게 체감합니다. 일어나는 시간과 자는 시간이 다르고, 같은 말도 표현하는 단어가 다르고, 일상을 바라보는 관점 자체가 어긋나는 경우도 많습니다. 이런 차이를 무턱대고 극복하려 들기보다 건강한 거리 두기를 통해 관계를 유지할 수 있어야 합니다. 억지로 잘 지내려 애쓰기보다 지금 나에게 맞는 거리를 인정하는 태도가 더 성숙할 때도 있습니다. 형제 사이라고 꼭 정기적으로 안부를 주고받지 않아도 괜찮습니다. 가족 모임에서 간단한 인사 몇 마디만 나눠도 충분합니다.

관계에서 가장 중요한 건 이 관계가 나에게 '심리적 지지와 평안을 주는가'입니다. 만나고 나서 며칠씩 기분이 가라앉는다면 지금의 방식이 내게 맞는지 점검해 볼 필요가 있습니다. 형제자매가 의무가 아닌 선택의 관계로 전환돼도 괜찮아요. 더는 가족이라는 이유로 감정을 참고 억누르지 않아도 됩니다. 오히려 감정을 똑바로 바라보고 그에 맞는 새로운 형태의 관계를 만들어 가는 것이 도움이 됩니다.

모든 관계가 항상 유쾌할 수는 없지만 그 속에서 나를 지키는 방법은 누구나 충분히 익힐 수 있습니다. 내가 참고 견디는 관계가 아니라 주고받을 수 있는 관계가 되는 것. 그것이 가능한 정도에서 관계를 유지하는 것이야말로 관계를 오래도록 지키는 길이기도 합니다. 형제자매와는 어떤 방법을 통해 부드럽게 연결될 수 있을까요?

첫째, 거리감 진단표 작성하기.

가족이라고 해서 반드시 밀접한 관계를 유지해야 하는 건 아닙니다. 나는 지금 이 관계를 얼마나 불편하게 느끼는지, 우리 사이의 거리가 적정한 거리인지를 판단하는 것이 첫 단계입니다. 아래 질문들을 활용해 관계를 점검해 보세요.

형제자매와 연락하는 빈도는 어느 정도인가요?
최근 연락 이후 마음이 편안했나요, 피곤했나요?
내가 관계에 기대하는 친밀감의 수준과 직접 겪고 있는 현실은 얼마나 차이가 나나요?
나만 노력하고 있다고 느낀 적이 있나요?

체크리스트를 작성한 후 현재의 거리감이 나에게 에너지 소모 없이 유지 가능한 관계인지, 내가 감정적으로 무리하고 있는 관계인지를 구분해 보세요. 진단 결과에 따라 연락 빈도를 줄여 볼 수도 있습니다. 가까운 사이일수록 무리하지 않아야 관계가 오래 간다는 사실을 항상 기억하세요.

둘째, 기대치 내려놓기.

평소 습관처럼 말하고 되뇌었던 문장들을 긍정적인 문장들로 수정해 보세요. 무의식적인 부담을 덜어 낼 필요가 있습니다.

"가족이니까 당연히 자주 연락해야지."
→ "매일 연락하지 않아도 우리는 사이가 좋아."

"모처럼 만났는데 성의가 없어."
→ "사람마다 성의를 표시하는 방식이 다를 수 있지."

"동생한테 이 정도도 못 해 줘?"
→ "형이 무조건 희생해야 하는 건 아니야."

"나만 노력하는 것 같아."
→ "각자 노력하는 부분이 다를 뿐이야."

"친구네 집은 언니 동생 사이가 아주 친하던데…."
→ "우리 집은 우리 집 나름의 방식이 있어."

형제자매와의 관계가 부정적으로 느껴질 때마다 이런 문장들을 읽어 보세요. 타인과 비교하는 것은 아무 소용이 없습니다. 지금의 나와 내 형제가 감당할 수 있는 정도의 정서적 거리와 속도에 집중하는 게 중요합니다.

셋째, 기분 나쁜 순간을 넘기는 3단계 전략 활용하기.

형제자매에게 마음이 상하는 순간은 보통 평범한 일상에서 불쑥 찾아옵니다. 뜻밖의 말 한마디, 서로 비교당하는 상황, 괜히 더 비판적으로 느껴지는 태도 때문에 상처를 받기 쉽죠. 그럴 때는 아래 3단계 전략을 시도해 보세요.

1단계 전략: 멈춤 선언하기.

마음이 상한 순간 바로 반응하지 말고 "지금은 내가 기분이 좋지 않아서, 나중에 이야기하면 어떨까?"라고 말해 보세요. 이는 갈등을 덮는 회피가 아니라 '더 나은 상태에서 문제를 다루기 위한 건강한 미룸'입니다.

2단계 전략: 생각 필터 적용하기.

스스로에게 이렇게 물어보세요.

'지금 이 말은 진짜 나를 공격하려는 걸까?'

'예전에도 그랬던가?'

'혹시 오늘 내가 더 예민한 건 아닐까?'

상황을 받아들이는 내 방식을 점검하는 것이 감정 조절의 핵심입니다.

3단계 전략: 화해 루틴 미리 정하기.

오해나 말다툼이 있었다면 언제 다시 연락할지에 대한 기준을 스스로 정해 두면 좋습니다. 예를 들어 '하루이틀 뒤 카톡으로 안부 인사 보내기', '다음 만남 때 먼저 웃으며 인사하기' 정도면 됩니다. 관계가 틀어졌을 때 미리 준비해 둔 회복 방식이 있다면 다시 가까워지는 일이 그리 어렵지 않을 것입니다.

 체크 포인트

매일, 자주 본다고 좋은 사이가 되는 것은 아닙니다.

내가 선택한 가족과
지치지 않고 행복하려면

 부부는 참 가깝고도 먼 사이 같습니다. 배우자는 혈연으로 맺어진 부모 형제를 떠나 새로운 가정을 꾸리며 함께 살아가는 사람입니다. 결혼을 하면 부모 형제 등 기존의 가족에게는 느끼지 못했던 또 다른 차원의 사랑을 경험하며 '이 사람을 위해서는 뭘 해도 아깝지 않다'는 감정도 떠오릅니다. 그렇게 부부는 결혼을 하고, 함께 집을 마련하고, 아이를 키우며 인생의 여러 챕터를 나란히 걸어가는 존재입니다.
 하지만 아이러니하게도 가장 가까운 존재이기에 갈등이 더 쉽게 생기기도 합니다. 타인에게는 편하게 말하지 못했던 짜증, 실망, 피로 같은 부정적인 감정들이 배우자에게는 무방비로 튀어나오기 때문입니다. 서로에게 기대는 만큼 실망도 크고 거리낌 없는 표현 속에 상처를 주기도 쉽습니다.

  같은 집에 있어도 대화가 막히면 차라리 혼자 있는 게 더 편하게 느껴질 때도 있습니다. 이는 이별을 원해서가 아니라 단지 내 마음이 숨 쉴 틈을 찾고 있다는 신호입니다. 특히 30~40대 부부들은 자녀 양육, 경제적 압박, 직장 스트레스가 동시에 몰려오는 시기를 지나고 있습니다. 하루하루를 버텨 내기도 벅찬 상황에서 상대방이 무심코 뱉은 작은 말이나 행동이 서운함으로 다가오기라도 한다면, 끝내 대화를 피하거나 '말해 봐야 소용없다'는 무기력한 상태에 빠지기 쉽습니다.

  실제로 언론과 연구 조사들을 보면 부부 갈등의 원인 1위는 단연 '성격 차이'였습니다. 이는 타고난 기질뿐 아니라 살아온 방식과 가치관이 다르기 때문에 생기는 근본적인 차이입니다. 여기에 더해 30대 부부는 경제적 문제, 40대 부부는 자녀 교육 문제가 주요 갈등 원인으로 꼽힙니다. 맞벌이 부부의 가사 분담, 시부모와의 불화, 고부 갈등처럼 복합적인 문제들도 이 시기의 부부에게 반복적인 긴장감을 안깁니다.

  사실 부부 갈등은 서로가 너무 지쳐 있어 대화를 시작조차 못해서 일어나는 경우가 많습니다. 단순히 말이 통하지 않아서가 아닙니다. 말할 에너지가 없고, 설득할 자신도 없고, 무엇보다 상대가 이해해 줄 거라는 믿음이 약해졌기 때문이죠.

그래서 어떤 부부는 같은 공간에 함께 있어도 대화를 피하고, 서로 얼굴을 보면서도 눈을 마주치지 않으며 소통을 피하기도 합니다. 내가 가장 사랑하고 의지할 사람이 바로 옆에 있는데도 어딘가 외롭고, 같은 집에 살지만 타인처럼 느껴지기도 하죠. 얼마나 슬픈 일인가요.

내가 먼저? 내 집 마련이 먼저? 자식이 먼저? 부모가 먼저?

지훈 씨와 미라 씨는 결혼 5년 차 맞벌이 부부입니다. 부부는 최근 집값 상승으로 내 집 마련에 대한 강한 압박을 느끼고 있습니다. 지훈 씨는 적극적으로 대출을 받아 지금 당장 집을 사자고 주장하지만, 미라 씨는 대출 상환에 대한 부담이 걱정돼 돈을 더 모으고 사자는 입장입니다. 중요한 문제를 두고 의견이 달라 서로에게 답답한 마음만 커져 가고 점점 대화가 줄어들고 있어요.

게다가 맞벌이다 보니 미라 씨는 일과 가사를 병행하느라 늘 피곤함을 느낍니다. 지훈 씨가 가사를 성심성의껏 도와주지 않는다고 느껴 불만이 많아요. 하지만 지훈 씨는 야근이 잦은 직장을 다니고 있기 때문에 퇴근해 집에 도착할 때면 이미 몸과 마음이 지칠 대로 지친 상태입니다. 미라 씨는 남편이 자신의 고충을 귀담아 듣지 않는다고 생각하고, 지훈 씨는 아내가 늘 불만으로 가득 차 있다고 느낍니다.

성민 씨와 유진 씨는 9살 아들을 둔 부부입니다. 유진 씨는 많은 부모가 그렇듯 자녀의 학업에 관심이 많습니다. 그래서 아들을 어릴 때부터 다양한 학원을 보내 공부 역량을 키우고 싶어 해요.

반면 성민 씨는 아이의 흥미와 적성을 고려하는 것이 더 중요하다고 생각합니다. 그에 맞는 필요한 경험을 쌓게 해 주고 싶은 마음이 더 크죠. 이런 교육관의 차이로 두 사람은 자주 언쟁을 벌이고는 하는데요. 때로는 아이 앞에서도 의견 충돌이 일어납니다. 갈등은 아이에 대한 부분만은 아닙니다. 여기에는 시부모님과의 문제도 엮여 있습니다.

시부모님께서는 가까운 동네에 살고 계시고. 특별한 일이 없는 한 주말마다 집을 방문하십니다. 그런데 유난히 간섭이 많으신 편이라 유진 씨는 주말마다 스트레스를 크게 받습니다. 마음 놓고 쉬어야 할 주말인데 두 다리 뻗고 지내야 할 내

집마저 불편해지는 것이죠. 성민 씨는 이것 또한 부모님의 관심이고 사랑이니 '당신이 이해하라'고 대수롭지 않게 여깁니다. 결국 주중에는 아이 때문에 싸우고 주말에는 시부모님 때문에 싸우다 보니 집안은 조용할 날이 없습니다.

한 단계 더 깊은 믿음이 생기는 부부 대화법

부부는 가정의 크고 작은 일들을 서로 의논하고 결정해야 합니다. 매일 한 공간에서 마주치는 사이에서 대화가 제대로 이뤄지지 않고 관계가 원만하지 않다면 일상은 괴로움으로 가득 차게 됩니다. 몸과 마음이 가장 편안해야 할 공간에서 그러지 못하고 불편함을 느끼다 보니 항상 피곤하죠.

결국 하루라도 빨리 대화를 시작하고, 관계 개선을 위해 노력하는 것이 현명합니다. 얼굴도 쳐다보기 싫다거나, 말도 섞기 싫은 기분이 들 때도 있을 것입니다. 그래서 서로를 없는 사람 취급하며 무시하기도 하죠. 그런데 이런 상황이 너무 오래 지속되면 결국 각자의 마음은 돌이킬 수 없는 지경에 이르게 됩니다. 극단적인 상황이 오기 전에 용기를 내 먼저 대화를 시도할 필요가 있습니다. 어떻게 하면 부부 관계를 다시 붙일

수 있을까요?

첫째, 생활 계획 회의하기.

매월 마지막 주 주말 중 30분 동안 '우리 집 재정 계획 회의'를 진행해 보세요. 회의를 진행하기 전에 먼저 현재 저축액과 대출 상환 경과, 이번 달 지출 내역, 가까운 시일 내에 큰 지출이 나갈 항목 등 이야기할 부분을 미리 정리해 두는 게 좋습니다.

회의든 대화든 의견을 나눌 때는 어느 한 사람이 주도하지 않도록 번갈아 사회를 맡는 것이 좋습니다. 지금의 대화가 다툼이나 논쟁이 아닌 합의가 목적임을 분명히 정리하고 생각의 차이를 인정하는 자세로 임하세요. 서로 의견이 달라도 그 의견을 공유하는 것만으로도 의미 있는 시간이라는 정도로 기대치를 낮출 필요가 있습니다.

둘째, 가정 내 역할 정리하기.

일주일간 서로가 한 집안일을 항목별로 기록해 보세요. 집안 청소, 분리수거, 식사 준비, 육아 등에 새로 합의된 규칙을 적용하는 것입니다. 예를 들어 평일에는 업무 상황에 따라 유동적으로 분담하고 주말에는 한 사람은 오전, 다른 사람은 오후를 전담해 균형을 맞출 수도 있습니다.

가사 분담이 어렵다면 가사 도우미를 고용하거나 반조리 식품을 활용하는 것도 현실적인 해법입니다. 핵심은 서로 한 치의 어긋남 없이 공평해야 한다는 게 아니라 서로의 피로를 따뜻하게 이해하고 조율하는 것입니다.

셋째, 대화 시간 만들기.
정기적인 부부 대화 시간을 하나의 루틴으로 만들어 주세요. 일단 요일을 정합니다. 예를 들어 매주 수요일 저녁은 '우리 둘만의 대화 시간'으로, 정말 부득이한 경우가 아니면 꼭 함께 식사하는 시간을 정하는 것이죠. 외식이나 배달 등으로 식사 준비 부담을 줄이는 것도 좋습니다. 요리를 하고 음식을 치우는 활동 역시 체력을 쓰는 일이니까요.

대화 주제도 미리 정해 보세요. 이번 주 가장 좋았던 일, 스트레스를 받았던 순간, 서로에게 고마웠던 일, 다음 휴가 계획이나 여행지 후보 등으로요. 즐겁고 가벼운 것일수록 좋습니다. 이때 꼭 핸드폰은 멀리 두고 대화에 집중해 주세요. 이 시간만큼은 업무 연락, 아이 숙제, SNS 알림을 멀리하세요. 우리 둘만의 이야기를 나누는 시간이라는 느낌이 중요합니다.

식사를 마무리할 때는 서로를 향해 한마디씩 덕담을 주고받는 것도 좋습니다. "오늘 대화해서 좋았어", "요즘 당신 진짜 열심히 살고 있구나" 정도로도 충분합니다. 의식적인 내용이라 해도 좋습니다. 짧지만 따뜻한 한 문장이 다음 한 주의 에너지가 됩니다.

 체크 포인트

최근 배우자와의 대화가 서로를 더 가깝게 했는지 떠올려 보세요.

세상에 완벽한 부모는 없다

아이는 세상 무엇보다 소중한 존재입니다. 모든 부모는 내 아이에게 더 좋은 걸 먹여 주고 싶고 더 좋은 환경에서 키우고 싶은 마음이 있죠. 아이와 더 많은 시간을 함께 보내며 즐거운 추억도 많이 만들고 싶고요.

그런데 이런 내 마음과는 다르게 현실은 뜻대로 흘러가지만은 않습니다. 단지 육아 정보나 교육 지식을 많이 안다고 좋은 부모가 되고 행복한 가정이 되는 게 아니니까요.

아이 앞에서 내 감정이 먼저 튀어나오거나, 예고 없이 찾아오는 상황에서 감정 조절이 안 되는 날도 많습니다. 매일 반복되는 일상을 보내다 보면 어느새 체력은 고갈되고 일과 육아 사이에서 줄타기를 하고 있는 스스로를 발견하게 되죠. 내가 어떤 부모였는지 종종 헷갈릴 때도 있습니다.

  나름대로 책도 열심히 읽고 교육 관련 영상도 챙겨 보며 감정 조절법을 익히려 애써 보지만 실제 육아 현장에서는 뜻대로 잘 되지 않습니다. 아침마다 전쟁처럼 반복되는 등교 준비, 사춘기에 접어든 아이의 무심한 태도, "엄마가 뭘 해 줬는데!"라는 아이의 날카로운 말 한마디에 죄책감이 몰려옵니다.

  게다가 아이를 키우는 비용은 매년 늘어납니다. 유치원과 초등학교 때부터 사교육비 부담이 만만치 않은 상황입니다. 특히 초등학교 고학년, 중학생 시기가 되면 입시 전쟁이라는 단어가 어느새 일상으로 스며들기 시작하죠.

  부모라면 자연스럽게 심리적인 압박이 가중됩니다. 나만 이런가 싶어 마음이 위축되기도 해요. 하지만 전혀 그렇지 않습니다. 부모라는 여정은 누구에게나 쉽지 않고, 모두가 비슷한 고민을 안고 살아가고 있습니다.

  그렇기에 완벽한 부모가 되기보다 지금의 나를 인정하며 한 걸음씩 나아가는 것이 더 중요합니다. 지금부터 소개할 두 가지 사례는 실제 부모들이 일상 속에서 겪고 있는 아주 흔한 상황입니다.

부모도 부모가
처음이라서

영주 씨 가족은 아침 7시에 출근 준비를 시작합니다. 남편은 비교적 준비가 빠른 편이라 7시 30분이면 집을 나서지만 영주 씨는 아침밥 준비와 아이 챙기기까지 도맡아 하느라 늘 분주합니다. 초등학교 2학년인 아들은 매일 알람 소리가 울려도 이불 속에서 꼼짝도 하지 않습니다. 몇 번이나 깨워도 아이는 눈만 살짝 뜨고 다시 이불을 뒤집어씁니다. 결국 영주 씨는 화가 나서 목소리를 높입니다.

"지금 몇 시야? 엄마 회사 늦는다고 했잖아! 빨리 안 일어나?"

아침밥도 문제입니다. 밥을 먹으라고 하면 숟가락을 손에 들고 한참 동안 멍하게 있거나 갑자기 장난감을 만지작거리며 딴짓을 합니다. 영주 씨가 "밥 안 먹으면 학교 못 가!" 하고 소리를 지르자 결국 아이는 울음을 터뜨립니다. "엄마, 왜 자꾸 나한테 화내!"

영주 씨는 우는 아이를 달래며 서둘러 신발을 신깁니다. 학교로 터덜터덜 걸어가는 아이의 뒷모습을 보고 있자니 아침부터 아이에게 화를 낸 스스로가 밉기만 합니다. 하지만 내일도 이런 상황이 또 반복될 거라는 생각에 마음이 답답해집니다.

민지 아빠는 요즘 마음이 심란합니다. 초등학교 6학년인 딸 민지와의 관계가 소원해지고 있다고 느끼기 때문이죠. 그래서 최근 들어 딸과의 관계를 회복하기 위해 여러모로 노력하는 중입니다. 하지만 민지는 점점 아빠를 어색해하고 대화나 함께하는 시간 자체를 피합니다.

어느 날 출근 준비를 하던 민지 아빠는 민지가 식탁에서 혼자 밥 먹고 있는 모습을 보고 말을 걸었습니다.

"민지야, 오늘 학교 끝나고 뭐 할 거야? 친구들이랑 놀아?"

민지는 "몰라"라고 짧게 대답하며 눈도 마주치지 않았습니다. 퇴근 후에 민지가 방에서 숙제를 하고 있는 모습을 보고 "민지야, 숙제 도와줄까?"라고 물었지만 민지는 "괜찮아, 아빠 빨리 나가"라며 손을 휘휘 내둘렀어요.

민지 아빠는 아이가 자신과 함께 있는 시간을 좋아하지 않는다는 사실이 당황스럽습니다. 딸과의 관계를 회복하려고 노력하려는 의지는 있지만 어디서부터 어떻게 시작해야 할지 도무지 모르겠습니다.

금쪽같은 내 새끼와 함께 성장하는 법

이는 많은 부모가 겪는 현실입니다. 관계를 개선하고 싶지만 부정적인 상황이 계속 반복되다 보면 부모로서 무기력감이나 죄책감을 느끼죠. 하지만 너무 걱정 마세요. 작은 변화와 실천만으로도 부모의 힘듦을 덜고 아이에게 더 따뜻한 부모가 될 수 있습니다. 아침마다 아이에게 화를 내고 있다면 이런 방법을 사용해 보세요.

첫째, 아침 습관 차트 만들기.

A4 용지나 화이트보드에 아이의 아침 행동 루틴을 그림과 색깔로 시각화해 보세요. 기상, 세수, 옷 입기, 밥 먹기, 준비물 챙기기 등 각 단계를 완료하면 스티커를 붙여 주고 스티커 몇 개를 모으면 작은 보상을 주는 것도 좋습니다. 아이가 직접 붙이며 꾸밀 수 있으면 주인 의식이 더욱 커집니다.

둘째, 역할 분담으로 부모의 스트레스 분산하기.

부부의 아침 역할을 나눠 보세요. 예를 들어 아빠는 아이 깨우기와 옷 입히기를 담당하고 엄마는 아침 식사 준비를 담당하는 식으로요. 매주 일요일 저녁에 10분 정도 다음 주 아침 루틴을 어떻게 보낼지 함께 회의하는 시간을 마련하는 것도 좋습니다. 육아도 전략이니까요.

셋째, 감정 폭발 예방하기.

아침에 아이가 늦게 움직이거나 말을 잘 듣지 않으면 누구라도 답답함을 느낄 수 있습니다. 아이에게 순간적으로 화가 날 때는 마음속으로 10초 동안 숫자를 세 보세요. 충분히 숨을 고른 후에 느꼈던 감정을 부드러운 문장으로 전달하세요.

예를 들어 "지금 일어나지 않으면 엄마가 속상해. 5분 있다 다시 올게"라고 할 수 있겠죠. 만약 주체하지 못하고 강하게 화를 표출했다면, 꼭 그날 저녁 학교에서 돌아온 아이에게 진심 어린 사과를 전달하며 서로의 감정을 회복하는 시간을 가져야 해요. 순간 참지 못했던 분노는 부모와 자식 모두의 마음에 상처를 새기는 일이니까요.

넷째, 접촉 빈도 대신 접촉의 질 높이기.

딸이 대화를 피한다면 무작정 횟수를 늘리는 것보다 부담 없이 접근 가능한 순간을 찾으세요. 아침에 인사할 때나 저녁에 간식 먹을 때 등 짧아도 상관없어요. 이때 3초 멘트를 전달하세요. "민지야, 좋은 아침!" 하고요.

다섯째, 말보다 행동으로.

딸이 좋아하는 간식을 책상 위에 두고 쪽지를 한 줄 적어 두거나 "아빠가 아이스크림 사왔는데 같이 먹을래?"라고 말해 보세요. 아이가 싫다고 할 경우 강요하면 역효과가 나니 주의할 필요도 있습니다.

여섯째, 자녀와 함께할 수 있는 활동 찾기.

아이가 부모와 일대일 대화를 부담스러워하면 옆에 앉아서 TV 보기, 반려동물 산책하기, 같은 책 읽기 등 간접 접촉 방식으로 소통을 시도하세요. 한 달에 한 번 '아빠 day'나 '엄마 day'를 만들어서 아이가 좋아하는 장소로 외출하는 것도 좋습니다. 단, 대화를 억지로 강요하지는 마세요.

일곱째, 사춘기 대응 부모 마인드 셋 정비하기.

아이의 사춘기 때는 아이 본인이 가장 힘이 들지만 부모 역시 마음고생이 심합니다. 그러니 매일 아침 이 말을 되뇌세요. '지금은 잠시 감정적 거리를 둘 뿐이야. 서로를 싫어하거나 관계를 포기한 게 아니야.'

아이가 혼자 방에 있는 걸 좋아할 경우 부모를 회피한다기보다 감정을 혼자 정리할 시간을 원하는 거라고 이해하시면 됩니다.

결국 중요한 것은 완벽한 부모가 되는 것이 아니라 매일 작은 변화를 실천하며 아이와의 관계를 조금씩 회복해 나가는 일입니다. 아이의 마음은 꾸준한 관심과 따뜻한 태도에 열리기 마련입니다. 오늘 하루 한 걸음만 내딛어도 충분합니다.

 **체크 포인트**

양육은 훈육보다 기다림이 먼저입니다.

세상에 완벽한 자식도 없다

　나이 든 부모님을 돌보는 일과 일상을 유지하는 일을 병행하다 보면 나름 어려움이 많습니다. 어릴 때 부모님은 모든 걸 책임져 주시던 존재였는데 시간이 흐르며 부모님 역시 점점 돌봄이 필요한 존재가 됐습니다.

　누군가는 요양 병원에 계신 부모님을 주말마다 찾아가고 또 누군가는 병원 진료와 약 챙기기를 일상처럼 해내기도 하죠. 문제는 이 모든 일을 다른 가족 구성원들의 도움 없이 혼자 감당하는 경우가 많다는 점입니다.

　주 돌봄자의 3분의 1 이상이 노부모와 갈등을 경험하며 형제자매가 돌봄에 소극적인 것에 상처받는 경우가 매우 흔합니다. 가족 간의 역할 분담이 되지 않다 보니 장녀, 장남 등 특정 자녀에게 부담이 집중되는 현상이 심화되고 있고요.

상황이 이렇다 보니 어느 순간부터는 부모님과의 관계가 감정적으로 팍팍해집니다. 여기에 맞벌이 육아, 경력 단절, 경제적 불안까지 겹치면 심리적으로도 신체적으로도 체력이 더 빨리 소진되죠.

지속적으로 나오는 통계 자료들을 보면 노부모와 자녀를 돌보는 가구가 전체 해당 연령대의 절반 정도로 나옵니다. 노부모 돌봄에 드는 월평균 비용은 하루가 다르게 증가하며 조사 대상의 30퍼센트 정도는 부모님의 의료비로 인해 본인의 저축이나 투자를 포기한다는 자료도 있습니다.

게다가 돌봄은 단지 비용의 문제가 아니라 나를 쪼개 쓰는 일입니다. 낮에는 회사에서 정신없이 업무를 쳐 내고, 퇴근하고 나서는 아이의 학원 등원을 신경 쓰고, 잠깐 여유가 생길 때는 부모님의 병원 통원에 시간을 씁니다.

하지만 집에 돌아왔을 때 아무도 내게 "수고했어"라며 따뜻한 말을 해 주지 않습니다. 자식이니까 당연한 일로 여기는 분위기 속에서 부모를 돌보는 이들의 고단함은 쌓여만 갑니다.

부모가 자식이 되고
자식이 부모가 될 때

준서 씨는 혼자 초등학생 자녀를 키우는 워킹 대디입니다. 아버지께서 최근 다리를 다치시는 바람에 일상생활이 어려워지셨죠. 평일에는 퇴근 후 매일 아버지 집을 방문해 식사와 약을 챙겨드리고 주말에는 병원을 동행하고 있어요.

그런데 며칠 전 다리가 불편하신 아버지께서 일어나시다가 이번에는 허리를 다치셨습니다. 거동이 아예 불편하시니 매 순간 돌봄이 필요한 상황입니다. 아버지께서는 미안한 마음에 "내가 죽어야 네가 편하겠다"라는 말만 반복하십니다.

아버지 댁과 준서 씨 집, 회사를 정신없이 오가다 보니 준서 씨 본인은 정작 제대로 밥을 먹지도, 잠에 들지도 못하는 상황입니다. 요즘은 금방이라도 번 아웃에 빠져 쓰러질 것 같다는 생각도 듭니다.

아이를 키우며 동시에 부모를 돌보는 이중 돌봄 상황 속에서 준서 씨는 빠르게 지쳐 가고 있습니다. 회사에서 성과를 내야 하는 책임감, 아이의 학교 생활 챙기기 그리고 아버지 병수발까지 어느 하나 포기할 수가 없어요. 이중 돌봄에 떠밀리듯 매달리는 하루가 이어지며 준서 씨는 자신의 삶이 사라지고 있다고 느껴집니다.

정우 씨는 80세 어머니가 뇌졸중으로 거동이 불편해지자 주 돌봄자가 됐습니다. 그런데 막상 형제들은 "형이 알아서 해"라며 무관심합니다. 아내는 "당신만 자식이야?"라며 옆에서 불만을 쏟아 내죠. 정우 씨는 어머니의 재활 치료를 병행하며 가게 운영까지 맡아 하루에 4시간만 잡니다.

주변에서는 정우 씨를 효자라고 칭찬하지만 막상 정우 씨는 이제 지칠 대로 지쳤다는 느낌이 듭니다. 막연히 '누구라도 나를 도와줬으면 좋겠다'는 생각만 하며 하루하루를 견딜 뿐이죠. 한번은 딸이 정우 씨가 혼자 울고 있는 모습을 우연히 발견했습니다. 정우 씨는 아이 앞에서 약한 모습을 보였다는 자책감에 시달리게 됐습니다. 그날 이후부터 더욱 감정을 숨기기 시작했어요.

내가 나를 돌봐야 부모도 돌볼 수 있다

나를 낳고 키워 주신 부모님은 분명 감사한 존재입니다. 나이 드신 부모님을 잘 부양하는 것은 자식의 도리가 맞죠. 그런데 이때 반드시 기억해야 할 점이 있어요. 그건 '내가 지치면 돌봄이 불가능하다'는 것입니다. 지속적으로 효도하며 부모님을 돌보기 위해서는 두 가지를 잊지 말아야 합니다.

첫째, '완벽한 돌봄은 없다'는 마음가짐.

더 잘해드리고 싶은 마음을 모르는 사람이야 없습니다. 하지만 더 좋고 더 나은 완벽한 상태를 추구하다 보면 어느 순간 내가 지쳐 먼저 손을 놔 버릴 수도 있어요.

돌봄은 단거리 경주가 아니라 오래 달리는 마라톤입니다. 처음에는 열심히 달릴 수 있어도 꾸준히 달릴 수 있도록 속도를 조절하고 체력을 안배해야 합니다. 부모님께 최선을 다하기 위해서라도 내 컨디션을 돌보는 것이 최우선 과제예요. 그러니 모든 책임을 혼자 지려 하지 말고 외부 지원과 가족 협력을 적극적으로 이끌어 내야 해요. 중요한 것은 완벽함이 아니라 지속성입니다.

둘째, '내 삶도 소중하다'는 마음가짐.

부모와 자식 간 관계에 어떻게 선을 그을 수 있을까요? 하지만 모호한 경계가 나와 내 삶을 파괴할 수 있는 데까지 침범하지 않도록 주의해야 합니다. 내 체력과 능력을 벗어난 돌봄으로 내 건강과 일상이 무너진다면 돌봄도 결과적으로 불가능해지니까요. 최대한 할 수 있는 현실적인 경계를 설정하세요.

- 감정과 현실 분리하기.

'부모님께 죄송하다', '이걸 내가 안 하면 누가 하나' 같은 생각이 들면 일단 한 걸음 떨어져서 감정과 현실을 분리해 보세요. 이런 질문을 스스로에게 던져 보는 것도 좋습니다.

'지금 내가 피곤한 이유는 부모님 때문일까? 아니면 내가 전부 다 하려는 태도 때문일까?'

'내가 안 하면 아무도 안 해 줄 것 같다는 생각은 사실일까?'

이런 질문은 돌봄의 감정적 무게를 객관적으로 바라보게 도와줍니다. 나의 한계를 냉정하게 점검하세요.

- 돌봄 설계표 작성하기.

일단 내가 맡은 역할을 종이에 적어 보세요.

1. 현재 내가 맡고 있는 돌봄 업무(식사, 병원, 청소 등).
2. 반복되는 일정과 긴급 상황 구분.
3. 역할 분산 방안(형제, 외부 기관, 지인).

이렇게 정리하면 새는 에너지를 줄일 수 있는 부분이 있는지, 혹시라도 도움받을 부분이 있는지가 훨씬 선명하게 보입니다. 이때 '내가 없을 때도 이 시스템이 굴러갈 수 있는가?'를 기준으로 판단하세요. 주에 한 번 정도는 간병인 서비스를 요청할 수도 있고 약을 전달할 때는 형제끼리 순번을 정해서 도울 수도 있죠.

- 형제자매에게 도움 요청하기.

"한 번 좀 도와줘"보다는 "일요일 병원 동행을 네가 한 달에 한 번 맡아줄 수 있어?", "매달 생활비 20만 원을 분담해 줄 수 있어?"처럼 구체적인 역할과 액수를 제안하는 게 훨씬 효과적입니다. 그리고 형제자매의 역할을 앞서 작성했던 돌봄 설계표에 넣어 공유하면 서로 책임감을 갖고 행동에 옮기기가 더 쉬워집니다. 설득이 어려운 경우에는 "지금은 못 하더라도 내가 힘들 때 대타를 맡아 줄 수 있니?"라며 논의하는 것도 방법입니다.

- 나를 위한 분리 시간 확보하기.

어떤 일을 하든 내 감정을 위해 잠시 쉬는 시간이 꼭 필요합니다. 매일 최소 30분이라도 돌봄과 완전히 분리된 시간을 확보하세요. 예를 들어 매주 금요일 저녁은 나만의 산책 타임, 하루 15분은 부모님 걱정을 잊고 좋아하는 음악 듣기, 병원 이동 중에는 업무 생각도, 가족 생각도 하지 않기 등으로요. 이런 행동들은 나만 생각하는 이기적인 행동이 아니라 돌봄을 지속 가능하게 만드는 일종의 안전장치입니다.

- 자기 암시하기.

다음 문장 중 마음에 와닿는 말을 골라 반복해서 스스로에게 말해 주세요.

"완벽한 자식이 되기보다 꾸준한 자식이 되자."

"내가 나를 챙겨야 오래 부모님 곁을 지킬 수 있다."

"돌봄은 함께 해야 지속된다. 혼자 할 수 있는 일이 아니다."

이렇게 매일 마음의 방향을 다잡으면 죄책감에 휘둘리지 않고 내 삶도 지킬 수 있게 됩니다.

 체크 포인트

지속 가능한 효도가 진정한 효도입니다.

모임이 싸움이 되지 않는 현명한 기술

각자의 자리에서 열심히 살아가다가 오랜만에 모이는 가족 모임은 분명 의미가 있습니다. 간만에 서로 얼굴도 보고 맛있는 식사도 하니 분명 좋은 자리가 맞죠.

하지만 이상하게도 모이기만 하면 얼굴을 붉히며 싸우는 가족들이 많습니다. 성인이 되며 본인의 생각과 신념이 강해지고 생활 환경도 달라지다 보니 예민하게 부딪칠 수 있는 주제가 툭 튀어나오면 이내 싸움으로 번지는 것이죠.

가족 모임에서 자주 발생하는 뜨거운 감자는 주로 정치, 종교, 금전, 자녀 등이 있는데요. 소중한 가족들이 모였는데 그

깟 정치색이 좀 다르고 종교가 다르면 좀 어떤가 싶기도 하지만 현실은 그렇지 않습니다. 가족들 간에는 수십 년의 시간을 지나 오며 밖으로 드러나지만 않았을 뿐 내면에서 미처 해결되지 못한 예민한 문제들이 있을 수 있거든요.

할아버지와 할머니, 아버지와 어머니, 아이들 사이의 세대, 생각 차이로 오는 이슈는 어쩔 수 없이 의견 충돌을 유발합니다. 굳이 전통적인 방식으로 제사를 지내야 하는지, 불편한 시골로 이동하고 성묘를 가야 하는지, 왜 아침밥을 반드시 함께 먹어야 하는지 등 끝도 없어요.

게다가 명절이나 가족 모임 등에서 특정 구성원에게만 잡일이 집중되면 불만은 언제든 터지기 일보 직전인 상태가 됩니다. 각자 서로에게 기대하는 정도를 충족하지 못할 경우 작은 의견 차이나 불편함도 곧 실망과 질책으로 번지게 되죠.

혼자가 편한 사람은 가족과 함께하는 시간이 반갑기도 하지만 동시에 큰 압박으로 다가오기도 합니다. 특히 여러 사람이 한꺼번에 모여드는 자리는 혼자 있을 때보다 훨씬 빨리 지치게 만들 수 있죠. 혼자가 편한 사람이라면 특히 가족 모임의 강한 밀착감이 힘들 수 있습니다.

가족끼리
왜 이래?

30대 초반인 정호 씨는 명절이 다가올 때마다 마음이 무거워집니다. 가족들 앞에서 "언제 결혼할 거냐"라는 고모의 질문이 반복되기 때문이에요. 고모가 나를 생각해서 하는 말이라고 애써 넘기려 해도 해마다 같은 상황을 마주할 때면 마음이 불편해지는 건 어쩔 수 없습니다. 처음에는 그냥 웃고 넘기려 했지만 얼굴만 마주치면 고모는 "요즘 젊은 애들은 눈이 너무 높다", "그러다 혼자 늙어 죽는다"라며 잔소리를 하십니다.

얼마 전에도 어김없이 그런 이야기가 나왔습니다. 결국 정호 씨는 참지 못하고 폭발하고 말았어요.

"고모가 제 인생에 대해 얼마나 아신다고 그렇게 말씀하세요?"

순간 참지 못한 짜증 섞인 목소리는 정호 씨의 생각보다 컸고 분위기는 순식간에 싸늘해졌습니다. 고모는 당황한 기색으로 잠시 말을 잃었고 다른 가족들도 조용해졌죠. 정호 씨는 자리를 박차고 방으로 들어가며 다음 명절에는 절대로 가족 모임에 가지 않겠다고 다짐했습니다.

지연 씨네 친정 식구들은 모임을 좋아합니다. 그래서 한 달에 한두 번은 꼭 모이는데요. 부모님께서는 본인들 집으로 오라 하시지만 아무래도 연세가 있으셔서 가족들이 모였을 때 음식을 장만하기 힘들어하십니다. 그래서 결국 부모님 댁 근처에 있는 지연 씨네로 모이고는 합니다. 물론 지연 씨도 워낙 사람을 좋아하는 편이라 모이는 것 자체에 대해 불만은 없습니다. 문제는 음식 장만과 모임이 끝난 후의 마무리입니다.

오늘도 지연 씨는 홀로 음식을 준비하고 있었습니다. 다른 가족들은 거실에서 TV를 보며 이야기를 나누느라 정신이 없습니다. 식구가 10명이니 일부 음식을 배달시킨다고 해도 해야 할 일이 많습니다. 하하호호 웃음소리가 들릴 때면 지연 씨는 자기도 모르게 짜증이 납니다.

그런데 때마침 눈치 없는 남편이 부엌으로 얼굴을 돌리며 물어봅니다.

"여보, 우리 언제 밥 먹어? 배고파 죽겠어!"

지연 씨는 순간적으로 "아, 몰라, 나도! 왜 나한테만 그래!" 하며 냅다 소리를 지르고 말았습니다. 순간 거실에 앉아 있던 가족들이 동시에 입을 다물었어요. 지연씨는 '아차' 싶었지만 이미 분위기는 어색해졌습니다.

가족이라서
필요한 약속

가족이 소중하다는 걸 모르는 사람은 없습니다. 그러나 함께 시간을 보내고 싶어 모여도 막상 얼굴을 마주하면 서로가 너무 다르다는 걸 다시 깨닫는 씁쓸한 시간이 되기도 하죠. 어쩌면 만날 때마다 싸우느니 차라리 모이지 않는 게 더 낫다는 생각도 듭니다.

하지만 아예 얼굴을 보지 않고 자리를 피하는 것이 능사는 아닙니다. 마음 한편에는 매번 '내가 너무한 건 아닐까?' 하는 생각이 들기도 하고 '그때 내가 좀 더 참을걸' 하는 후회와 아쉬움이 반복되니까요.

가족 모임에서 불필요한 논쟁과 갈등을 예방하려면 몇 가지 장치가 필요합니다. 마치 학교에서 동아리 모임을 시작할 때 나름의 규칙을 명확하게 정해 놓는 것처럼요.

피를 나눈 부모와 형제자매끼리도 그래야 하냐고 생각한다면 오히려 그런 관계여서, 오히려 너무 가까운 사이라서 아무 생각 없이 누군가에게 일방적인 상처를 줄 수 있다고 답하고 싶습니다. 모두에게 즐거운 시간이 되기 위해서는 서로 지켜야 할 선을 지켜야 합니다.

혼자가 편한 사람이라면 모임에서 작은 역할 분담이나 선 긋기가 더 필요합니다. 그래야만 너무 많은 에너지가 소모돼 아예 자리를 피하고 싶어지는 걸 막을 수 있으니까요.

첫째, 우리 가족만의 모임 규칙 정하기.

가족 모임도 하나의 집단 이벤트입니다. 관계가 편하고 친밀할수록 더욱 암묵적인 룰이 필요합니다. 아래 질문들을 가족 단톡방에 부담스럽지 않게 던져 보세요.

"이번 명절 모임에서 서로 피했으면 하는 주제가 있을까요?"
"모임 준비에 대해 각자 편한 방식으로 기여할 수 있는 방법이 있을까요?"

이 질문들은 불만이 생기기 전에 사람들로 하여금 미리 조심하도록 해서 문제를 예방해 주는 역할을 합니다. 직접 말하기 어려우면 "요즘 이런 식으로 많이 하더라"처럼 식으로 간접적으로 제안해도 좋습니다.

둘째, 안전한 대화 전략 사용하기.

매번 가족들의 질문에 반복적으로 상처받고 있다면 아래의 방법을 시도하세요.

- 선긋기와 감정 표현.

"결혼 얘기는 제가 부담스러워요. 이해해 주시면 정말 감사할 것 같아요."

- 전환 화법.

"그 얘기보다, 이모는 요즘 뭐 재밌는 일 없으셨어요?"

- 예방성 공지.

만나기 전, "그 주제는 말하기 부담스러워요. 저는 웃을 수 있는 이야기만 하고 싶어요"라고 미리 말하기.

- 감정 대응 준비.

누가 상처 주는 말을 해도 반응 대신 침묵하기, 아이 콘택트 피하기, 잠시 자리 비우기 등 나만의 감정 대응법을 사전에 생각해 두기.

이런 방식을 반복해 실천하면 가족 내에서 나의 경계가 자연스럽게 인식되기 시작합니다.

셋째, 역할 분담 체크 리스트 만들기.

지연 씨의 사례처럼 모임의 준비와 정리를 혼자 떠맡는 상황은 결국 모임 참석 의지 자체를 없애는 결과를 초래합니다. 가족 모임 3일 전 아래 방식으로 분담 표를 제안해 보세요.

"나는 우리 집 메인 요리 한 가지, 둘째 네는 반찬, 막내는 디저트 담당 어때요?" "정리할 때는 각 집에서 당번을 정해서 청소를 도와주면 좋겠어요."

제안이나 요청이 아니라 사전 안내라는 것을 인식시키는 것이 중요합니다. 미리 정해 놓고 시작하는 구조는 일을 보다 가볍게 만들어 줍니다.

넷째, 부담 자체를 줄이기.

모임이 부담스럽게 느껴진다면 부담스러운 상황이나 일들을 미리 조정하세요. 예를 들어 한 달에 한 번만 모인다든지, 음식은 절반만 준비하고 나머지 절반은 배달 음식을 시킨다든지, 격월로 집이 아닌 장소에서 외식을 한다든지 하는 방법도 있습니다.

 가족 모임은 누군가의 헌신으로 유지되는 자리가 아닌 모두가 조금씩 기여하며 즐기는 시간임을 명심해야 합니다. 이렇게 작은 규칙과 장치들을 마련해 두면 가족 모임이 더는 긴장이 아닌 편안한 휴식의 시간이 될 수 있을 것입니다.

 **체크 포인트**
피를 나눈 사이라도 예의는 필요합니다.

혼자가 편한 사람을 위한 질문들

○ 부모님 앞에서 어떤 모습으로 변할까?

○ 부모님과 대화할 때 내 감정은 편안한가, 불편한가?

○ 형제자매와 함께 있을 때 나는 주로 어떤 감정과 분위기를 느끼는가?

○ 형제자매와 함께 있을 때 내가 적정하다고 느끼는 거리감은 어느 정도일까?

○ 배우자와 대화할 때 나는 힘이 나는가, 아니면 지치는가?

○ 배우자와 갈등이 생겼을 때 나는 감정을 표현하는 편인가, 숨기는 편인가?

○ 좋은 부모가 돼야 한다는 압박을 느끼고 있지는 않은가?

○ 그 압박이 내 아이와의 관계를 더 가깝게 만들까, 더 멀어지게 할까?

○ 부모님을 돌보는 일이 내게는 감사인가, 의무인가?

○ 최근 가족 모임을 떠올리면 나는 즐거움이 먼저 떠오르나, 피로가 먼저 떠오르나?

3장

혼자여도 행복해야 둘이어도 행복하다

상처받지 않고 사랑을 지키는 태도

혼자와 사랑의 상관관계에 대하여

　예전에는 사랑하면 결혼하고, 결혼하면 아이를 낳고 함께 살아가는 것을 자연스럽게 여겼습니다. 연애는 항상 결혼으로 가기 위한 전 단계였고 결혼하면 부부는 당연히 한 집에서 함께 살아야 하며 무조건 자녀를 낳아야 가정이 완성된다고 믿었습니다. 그렇게 사는 것이 정석이자 정답이라 생각했어요.

　하지만 요즘은 다릅니다. 사랑의 형태도 결혼의 방식도 훨씬 다양하고 유연해졌습니다. 누군가는 동거를, 누군가는 비혼을, 누군가는 딩크족을 선택합니다. 자식 대신 반려동물을 기르는 부부도 많죠.

결혼이 필수가 아닌 선택이 된 시대, 관계의 형태는 이제 하나의 정답으로 규정되지 않습니다. 사회가 정해 놓은 이상적인 커플의 모습에 둘만의 관계를 굳이 맞출 필요도 없죠.

예전에는 함께 있는 것이 관계의 최종 목표였다면 지금은 '서로의 공간과 리듬을 어떻게 존중할 수 있는가'가 더 중요한 기준이 됐습니다. 현대의 부부는 각자의 취향과 생활을 인정하며 좋은 감정을 유지하는 방법을 더 고민합니다. '모든 것을 공유해야 진짜 사랑'이라는 낡은 공식은 이제 더는 통하지 않습니다.

이런 변화는 단순히 개인주의 때문만은 아닙니다. 오히려 관계를 진심으로 오래 지속하고 싶은 사람들의 현명한 선택일 수 있어요. 무조건 함께 있기를 강요하기보다 같이 있는 동안 서로를 더 존중하고 아끼려는 노력, 내 삶을 유지하며 관계를 지키려는 태도가 이전보다 더 중요해졌기 때문입니다.

내 삶도 중요하고 당신도 소중하다는, 새롭지만 당연한 전제를 받아들이기 시작하며 현대 사회의 사랑 방식은 크게 달라지고 있습니다. 나에게 맞는 사랑의 방식을 찾는 것이 오히려 관계를 더 건강하게 만든다는 걸 이제는 많은 사람이 알고 있어요.

나는 배우자가 아니라 동반자를 원한다

30대 중반 디자이너인 홍석 씨의 부모님은 한 달에 한 번 댁에 얼굴을 비출 때마다 "결혼 안 하니"라며 잔소리를 하십니다. 언제까지 혼자 살 거냐며 걱정 어린 말을 반복하시지만 홍석 씨는 "배우자가 아닌 동반자를 원한다"라고 단호하게 말하고는 합니다.

홍석 씨는 현재 만나는 사람과 서로의 일, 취향, 생활 리듬을 존중하며 일종의 룰을 정했어요. 두 사람은 함께 외식을 하거나 연극을 본 뒤 각자의 집으로 돌아갑니다. 굳이 같은 공간에서 잠을 자거나 하루 종일 함께 시간을 보내지 않아도 서로에 대한 애정은 변함없습니다.

주말이면 카페에 나란히 앉아 책을 보거나 각자 노트북으로 할 일을 하며 시간을 보내기도 하죠. 편하게 취미를 공유하고 일상적인 이야기도 나누는, 특별할 것 없는 보통의 연인 관계입니다.

말이 잘 통하고 성향과 취향도 맞지만 홍석 씨는 이 관계가 꼭 결혼으로 이어져야 한다고는 생각하지는 않습니다. 서로의 삶을 존중하면서도 자연스럽게 연결된 지금의 방식이 오히려 더 편안하다고 느끼니까요.

상훈 씨는 30대 후반의 광고 회사 팀장입니다. 상훈 씨와 아내는 결혼 전부터 아이를 낳지 않기로 합의했고 결혼 후에도 이 원칙을 지켜 나가고 있습니다. 주변에서 "언제 아이를 가질 거냐"라고 묻고는 하지만 상훈 씨 부부는 각자의 삶에 집중하는 것이 더 중요하다고 생각합니다.

상훈 씨와 아내는 서로의 취미와 시간을 최대한 존중합니다. 상훈 씨는 주말이면 자전거 동호회 활동이나 사진 촬영을 하며 시간을 보내고 아내는 요가와 미술 수업, 친구들과의 모임에 참석합니다. 가끔은 각자 친구들과 1박 2일로 가벼운 여행을 다녀오기도 하고 주중에는 퇴근 후 각자의 방에서 좋아하는 드라마나 책을 보며 휴식을 취합니다.

물론 둘만의 시간을 위해 한 달에 한 번 정도 함께 맛집을 찾아가거나 짧은 국내 여행을 떠나기도 합니다. 하지만 서로의 일정에 크게 간섭하지 않고 "오늘은 각자 쉬자"라고 의견이 모아지면 자연스럽게 따로 시간을 보냅니다.

사랑의 기준을 다시 세워야 할 때

이런 관계 방식은 혼자가 편한 사람들에게 특히 의미가 큽니다. 혼자 있는 시간을 존중받을 때 오히려 상대와 만나는 순간이 더 따뜻하고 진심으로 느껴지기 때문이죠.

반대로 혼자 있고자 하는 욕구가 이기적인 태도로 오해받을 때도 있습니다. 이럴 때 관계는 쉽게 지쳐 버립니다. "부부라면 무조건 같은 침대에서 잠을 자야 해", "부부라면 무조건 주말을 같이 보내야 해" 같은 주변의 말들은 부담을 더 키울 뿐입니다. 결국 중요한 건 '혼자 있고 싶음'과 '함께 있고 싶음'을 동시에 인정하는 균형을 찾는 일입니다.

요즘은 끈끈한 연결 아래 각자의 삶을 지켜 가는 방식을 선택하는 사람들이 점점 늘고 있습니다. 함께 있는 시간도 물론 중요하지만 그보다 중요한 건 함께 있는 방식이라고 생각하기 때문입니다. 꼭 같은 공간에서 같은 생활 루틴을 공유해야만 관계가 두텁게 유지되는 것은 아닙니다. 오히려 각자의 삶을 존중하며 적절하게 연결을 시도하는 방식이 더 건강한 관계를 만드는 경우도 많습니다.

때로는 이런 관계 방식이 이상하다거나 불안정하다는 주변의 시선들에 흔들릴 수 있습니다. 그래서 더더욱 나와 우리에게 맞는 사랑의 방식을 스스로 설계하고 점검해 보는 일이 필요합니다. 중요한 건 남들이 정한 기준이 아니라 관계의 당사자가 함께 만족할 수 있는 방식을 찾아가는 것이니까요. 관계의 정답이 하나뿐이라는 생각에서 벗어나면 나에게 맞는 사랑의 형태를 설계할 수 있습니다.

오늘날의 연애는 사랑하면 무조건 함께 살아야 한다는 공식을 따르지 않습니다. 각자의 삶을 온전히 살아가며 건강하게 연결될 수 있는 방법들은 무엇이 있을까요?

첫째, 기대치를 구체화하기.
연인 혹은 배우자와의 관계가 자연스럽게 흘러가도록 두지만 말고 합의와 점검이라는 설계 과정을 의도적으로 생각하세요. 아래 질문을 가지고 대화를 나누다 보면 서로에 대한 기대치가 보이기 시작할 거예요.

"나에게 필요한 혼자만의 시간은 하루에 몇 시간 정도인가요?"
"각자가 중요하게 여기는 관계의 규칙이 있나요?"
"어떤 방식으로 갈등을 예방하고 풀어 가면 좋을까요?"

우리는 이런 대화를 통해 관계에 대한 막연한 기대를 명확한 합의로 바꿀 수 있습니다. 이는 서로의 기대치를 구체화하고 실망 가능성을 줄일 수 있다는 장점이 있죠. '연애는 원래 이렇게 하는 것'이 아니라 '우리는 이렇게 하자'고 정의하는 과정이 중요합니다.

둘째, 나에게 맞는 방식 선택하기.
남들과 비교하지 마세요. 중요한 건 내가, 우리가 원하는 사랑의 방식입니다. 누구는 매일 함께 있어야 마음이 편하고 누구는 각자의 방이 있을 때 사랑이 오래 지속됩니다. 따라서 아래의 질문들에 대해 스스로 생각하고 정리할 필요가 있습니다.

"어떤 방식이 나에게 심리적으로 안정감을 주는가?"
"지금의 사랑이 나를 더 건강하게 만들고 있는가?"
"연결과 독립 사이에서 내가 원하는 균형은 어디쯤인가?"

이런 질문들에 답을 하다 보면 사회가 제시한 기준이 아니라 내가 선택한 기준을 바탕으로 관계를 맺을 수 있습니다. 내가 행복해지기 위해서는 남들의 기준이 아니라 나에게 맞는 사랑의 언어와 거리감을 만들어야 하니까요. 남들의 기준에 맞춘 사랑이 아닌 나답게 연결된 관계가 오래 갑니다.

셋째, 우리만의 룰 북 만들기.

둘만의 암묵적인 규칙이나 합의가 있다면 이를 문서로 만들어 보세요.

평일에는 각자의 루틴을 존중하지만 주말에는 가능하면 데이트를 한다.
갈등이 생기면 미리 정한 단어로 감정을 표현한다.
달에 한 번은 관계의 미래에 대한 이야기를 나눈다.
'싫은 말 리스트'와 '좋아하는 말 리스트'를 작성해 공유한다.

이런 가벼운 내용들로도 충분합니다.

룰 북의 내용은 언제든 바뀔 수 있습니다. 룰 북을 통해 서로가 서로를 소중하게 여긴다는 점을 더 강하게 느낄 수 있어요. 중요한 건 서로 다른 삶을 살아 온 두 사람이 사랑으로 연결되는 실제 방법과 기준을 정리해 나간다는 점입니다.

 **체크 포인트**

세상의 기준에 맞추지 않고 나답게 사랑하세요.

내 삶도 상대의 삶도
똑같이 소중하다

　세상에는 평생을 큰소리 한 번 안 내고 사는 부부도 물론 있습니다. 하지만 그런 경우는 현실적으로 많지 않습니다. 대부분의 부부가 크고 작은 갈등을 겪으며 살아가니까요.
　짧게는 20년, 길게는 50년을 서로 다른 환경에서 성장한 두 사람이 함께 모여 살아가는 것이니 충돌이 생기는 건 어찌 보면 자연스러운 일입니다. 연애할 때는 잘 보이기 위해 서로 배려하고 맞춰 주던 부분이 함께 살기 시작하며 어긋나는 경우도 많죠.

　갈등의 이유는 다양합니다. 소비 습관, 시간 계획, 가족 문제,

양육 방식, 감정 표현 방법, 여가 활용 등 처음에는 사소했던 차이들도 반복되면 부정적인 감정이 돼 겹겹이 쌓입니다.

예를 들어 주말에 집에서 쉴 거냐, 외출할 거냐를 두고도 의견이 다르고 소비에 대해서도 '경험 소비가 중요하다'는 쪽과 '저축이 중요하다'는 쪽이 팽팽히 맞서기도 합니다. 한쪽은 살아가는 재미를 더 느끼고 싶어 하는 반면 다른 한쪽은 미래 준비에 더 무게를 두기 때문이에요. 누군가는 저축과 투자 비율을 따져 매월 가계 지출을 계획하려 하고 다른 누군가는 지금의 여유가 더 중요하다고 주장합니다. 문제는 누구 하나 꼭 맞거나 꼭 틀린 게 아니라는 점이죠.

집안일이나 청소의 빈도와 기준, 게임이나 TV 시청 시간, 심지어 잠자기 전 휴대폰 사용 같은 문제도 싸움의 원인이 됩니다. 자기계발에 몰입하느라 가정생활에 소홀해졌다는 불만이나 반대로 가정에만 매달리는 배우자를 보며 답답함을 느끼는 경우도 있죠.

아이 교육 문제도 빠지지 않는 갈등 요인입니다. 사교육에 대한 입장 차이나, 공부 방식, 진로에 대한 기대치 등에 대해서도 우리는 서로 다른 기준을 갖고 있습니다. 이런 다툼은 단순히 행동의 차이에서 오는 것이 아니라 각자가 중요하게 여기는 가치관의 충돌에서 비롯됩니다.

결국 부부나 연인 관계에서 다름은 피할 수 없는 요소입니다. 문제는 그 차이를 어떻게 대하느냐에 따라 관계의 질이 완전히 달라진다는 점입니다. 핵심은 갈등의 유무가 아니라 갈등을 대하는 방식에 있으니까요.

같이 살아서 더 크게 느끼는 서로의 차이

연재 씨와 서연 씨는 결혼 8년 차 맞벌이 부부입니다. 연재 씨는 대기업 마케팅 과장으로, 서연 씨는 IT 기업의 프로젝트 매니저로 일하고 있어요. 오늘은 주말이지만 연재 씨는 회사 일 때문에 출근하려고 가방을 싸고 있어요. "주말에는 집에서 같이 쉬면 안 될까?" 하고 서연 씨가 묻자 연재 씨는 노트북을 챙기며 대답해요.

"우리 강남 아파트로 이사하려면 지금 열심히 해야 돼! 그래야 승진도 하고 연봉도 오르지!"

서연 씨의 표정이 어두워집니다.

"솔직히 난 대출 받아서 집 사는 거 부담스러워. 그리고 강남 말고 경기도 외곽이나 근교로 이사하면 되잖아? 꼭 서울을 고집할 필요가 있어?"

이번에는 서연 씨의 말을 들은 연재 씨의 표정이 굳습니다. 두 사람의 생각은 시작점부터가 다릅니다. 연재 씨는 지극히 현실적이고 미래의 가치를 더 중요하게 여기는 타입입니다. 자녀 계획과 교육 환경을 생각하면 10원이라도 아껴야 하죠. 서연 씨의 커리어를 고려해 당분간 아이를 갖지 말자고는 했지만 그때가 되면 또 다른 핑계가 생길 것 같아 스트레스를 받습니다.

서연 씨도 할 말이 없는 것은 아닙니다. 30대 후반은 여전히 직장에서 실무자로 경력을 쌓을 때고, 아이를 낳는 계획은 신중해서 나쁠 것이 없다고 생각하니까요. 결국 대화는 서로에 대한 비난으로 이어졌고 주말 내내 분위기는 냉랭했습니다.

태현 씨와 미수 씨는 신혼부부입니다. 내일은 간만에 태현 씨 부모님께서 방문하는 날입니다. 그런데 거실 테이블 위에는 태현 씨의 노트북, 충전기, 간식 봉지들이 어지럽게 널브러져 있어요. 치워 달라고 부탁했지만 태현 씨는 책상에 앉아 모니터에서 고개를 떼지 못한 채 건성으로 대답합니다.

"너는 완벽주의 성향이 있는 것 같아. 집이 좀 어질러져 있다고 세상이 무너지는 것도 아니고. 우리 엄마가 집을 검열하러 오는 건 아니잖아?"

미수 씨는 짜증이 치밀어 오르기 시작합니다.

"물건을 제자리에 놓는 건 기본적인 생활 습관이잖아. 어머님께도 깔끔한 모습 보여 드리고 싶단 말이야!"

결국 미연 씨는 답답함에 지쳐 혼자서 집을 치우기 시작합니다. 그리고 그날 새벽 1시에 미수 씨는 시끄러운 소리에 잠에서 깼습니다. 거실에서 게임 소리와 남편의 웃음소리가 들립니다. 내일 아침 일찍 일어나야 하는 미연 씨는 이불을 뒤집어썼지만 거실에서 나는 소리는 계속 잠을 방해합니다.

부부나 연인이 싸우는 이유를 단순한 성격 차이로 정리하기에는 갈등의 원인이 정말 다양합니다. 그러나 함께 살 정도로 가까워진 관계에서는 크게 경제 관념, 결혼과 자녀 계획 등이 주된 이유입니다. 또한 함께 생활하며 나타나는 습관의 차이도 큽니다. 청소 습관, 청결 정도, 수면 패턴 등 자라 온 환경이 다른 두 사람은 심할 때는 하나부터 열까지 다 맞지 않을 때도 있습니다.

부부 싸움이 일어나면 흔히 듣는 말이 있습니다. "서로 맞춰 가며 살아야 해"라고요. 하지만 어릴 때부터 지금까지 형성된 나의 생각과 행동을 바꾸는 건 결코 쉽지 않은 일입니다. 내 신념을 내려놓고 상대방을 따른다는 건 나름의 큰 결심이 있어야 하는 일이니까요.

생활 습관을 바꾸는 것도 만만치 않습니다. 나의 하루와 일주일을 구성하던 패턴들을 바꾸며 상대방을 위해 배려하는 건 결코 사소한 변화가 아닙니다. 말 그대로 '희생'한다고 느껴질 수 있습니다.

부부나 연인 관계에서 가치관과 생활 습관의 차이는 피할 수 없는 과제입니다. 하지만 여기서 문제는 차이 그 자체가 아닙니다. 그 차이를 대하는 태도와 풀어 가는 방식이 결국 관계의 질을 결정합니다. 서로를 더 잘 이해하기 위해 필요한 건 일방적인 희생이 아니라 양방향적인 조율입니다. 지금부터 소개할 실천 방법은 반복되는 갈등을 감정 싸움으로 발전시키지 않고 건강하게 다루는 구체적인 전략입니다.

차이를 조율하는 두 가지 연습 방법

첫째, 차이점 차트 만들기.

갈등이 반복될수록 사람들은 '비난의 언어'를 씁니다. "넌 왜 그렇게밖에 못 해?", "또 그러는 거야?" 하고요. 하지만 이런 류의 말투는 문제를 해결하기는커녕 책임 소재를 찾는 의미 없는 싸움만 불러옵니다. 질문을 이렇게 바꿔 보세요.

"우리는 어떤 주제에서, 어떤 방식으로 자주 부딪치지?"
"이 갈등은 가치관 차이일까, 생활 습관의 차이일까?"

관점의 전환은 감정 소모를 줄이고 상황을 객관적으로 바라보는 힘을 줍니다. 위 질문들을 나눈 후 우리의 차이점 차트를 만들어 보세요.

- 최근 3개월간 자주 부딪혔던 주제를 세 가지 이상 적기.
 여가 시간 사용, 청소 기준, 부모님과의 관계, 소비 성향 등.

- 각 주제에 대한 서로의 입장을 정리하기.

이때는 주관적인 해석이 아닌 사실에 기반한 내용만을 작성해야 합니다.

- 갈등 포인트를 분류하기.

충분히 조율 가능한 부분, 다르지만 받아들일 수 있는 부분, 고민이 더 필요한 부분 등.

이런 작업의 목적은 누가 옳은가를 결정하는 게 아니라 차이를 앞으로 어떻게 같이 조율할 것인가를 설계하는 데 있습니다. 특히 결혼 초기의 신혼부부나 막 함께 동거하기 시작한 커플이라면 정리된 차트를 통해 숨어 있는 갈등의 지뢰를 미리 파악할 수 있습니다.

둘째, 대화 구조 바꾸기.

사람들은 싸울 때 감정을 제대로 표현하지 못하고 비난의 말부터 꺼낼 때가 있습니다. 하지만 비난의 말을 먼저 꺼내는 순간 상대는 즉시 귀를 닫고 방어적인 태도를 취하게 됩니다. "당신은 맨날 약속을 안 지켜!"가 아니라 "지난 한 달 동안 세 번 중 두 번, 약속 시간보다 20분 이상 늦었어. 나는 그럴 때마다 당신이 나를 중요하게 생각하지 않는 것 같아"라고요. 먼저 관찰한 사태를 묘사하고, 그때 느낀 감정을 표현하고, 하고 싶거나 받고 싶은 욕구를 전달하는 것이죠.

 상대방의 행동을 비난하기보다 그 행동이 나에게 어떤 감정적 영향을 미쳤는지를 제대로 전달하기만 한다면 반격 대신 수용하는 태도를 보일 확률이 높아집니다. 언제든지 말은 다정하게, 표현은 구체적으로 하는 것이 핵심입니다.

 **체크 포인트**

모든 사랑은 다름을 인정하고 조율하는 과정이 꼭 필요합니다.

사랑이라는 이름으로
서로를 옭아매지 마라

사랑에는 그 단어만 들어도 느껴지는 특별함이 있습니다. 사랑을 시작하면 사랑하는 대상을 위해 기꺼이 희생하고 내가 가진 것들을 아까워하지 않고 내어 주며, 무엇이든 더 좋은 것을 주고 싶은 마음이 새록새록 솟아나죠. 누군가를 향해 사랑의 마음을 가질 수 있다는 그 자체가 축복이기도 합니다.

하지만 이렇게 아름다운 사랑에도 종류가 있습니다. 서로에게 득이 되는 건강한 사랑이 있는 한편 오히려 사랑을 하지 않는 것만 못한 사랑도 있죠. 그런 사람은 겉보기에는 사랑 같을 수 있지만 실제로는 가스라이팅일 수도 있어요. 건강한 사랑과 가스라이팅은 뚜렷한 차이를 보입니다. 두 유형을 정확히 구분해야 행복한 관계를 형성할 수 있습니다.

혼자가 편한 사람은 사랑이라는 이름으로 다가오는 통제에 더 쉽게 지칠 수 있습니다. 혼자가 익숙할수록 누군가의 지나친 간섭은 더 큰 부담이 되기 때문에 건강한 사랑과 불편한 통제를 명확히 구분하는 것이 중요합니다.

이 사람은 나를 존중하는가? 존중하지 않는가?

첫째, 상대방에게 편하게 도움을 청할 수 있어야 건강한 사랑이라고 할 수 있습니다.

힘들 때는 누구나 사랑하는 사람에게 의지하고 싶은 마음이 듭니다. 내가 상대방에게 도움을 청할 때 그 사람이 나를 도와줄 것이라고 확신할 수 있나요? 그 사람에게 부담없이 부탁할 수 있나요? 그 사람이 내게 지원이나 격려는 해 주지 않으면서 본인의 필요와 관심에만 신경 쓴다고 느껴진다면 그건 가스라이팅일 확률이 높습니다.

둘째, 서로의 경계가 어느 정도 유지돼야 합니다.

사람마다 욕구는 다릅니다. 따라서 어느 한쪽의 욕구만 중요하게 받아들여지는 게 아니라 서로가 원하는 바를 인정할 수 있어야 해요. 그리고 그걸 풀어낼 수 있는 각자의 공간을 충분히 받아들여야 건강한 사랑이라고 할 수 있습니다.

셋째, 함께 시간을 보내며 정서적으로 즐거움이나 행복감을 느낄 수 있어야 합니다.
가스라이팅은 관계에서 내가 소모되는 느낌이 강하게 듭니다. 함께 있어도 어딘가 계속 불행한 기분도 들죠. 그 사람과 함께 있을 때 쉽게 피곤해지거나 기분이 곧잘 불편해진다면 건강한 관계가 아닐 확률이 높아요.

넷째, 상처 없이 대화가 원만하게 이뤄져야 합니다.
매번 비판이 오고 가거나 서로를 경멸하는 태도로 비꼬는 대화가 이어진다면 이는 독성으로 가득 찬 관계입니다.

마지막으로, 진심으로 상대방이 성공하기를 바라는 마음이 느껴져야 합니다.
한번은 어떤 커플을 상담한 적이 있었습니다. 저는 그분들의 상담 시간이 다가오면 늘 마음이 좋지 않았어요. 이 커플은 서로의 성공을 위해 도와주고 응원하는 게 아니라 상대방을 누르고 이겨야 할 경쟁의 대상으로 봤기 때문입니다. 두 사람은 함께 있지만 전혀 즐거워 보이지 않았습니다. 그렇다면 굳이 같이 있을 이유가 없지 않을까요?

송연 씨는 최근 중요한 프로젝트 때문에 주말에도 계속해서 출근하고 있습니다. 예전에는 쉬는 날이면 남편과 영화도 보고 장도 보며 함께 시간을 보내고는 했는데, 요즘은 컴퓨터 앞에 오래 앉아 있느라 대화도 부쩍 줄어든 느낌이 듭니다. 평소보다 말수가 적고 예민해진 송연 씨를 보며 남편은 걱정이 됩니다. 하지만 직접적으로 캐묻기보다는 옆에서 조용히 도와주려 애를 씁니다.

토요일 아침, 남편은 송연 씨에게 커피를 건네며 말했어요.

"당신 요즘 좀 지쳐 보여. 내가 뭐 도울 일이 있을까?"

따뜻한 말 한마디에 송연 씨는 한순간에 피로가 사라지는 느낌이 들었어요. 꼭 뭘 해 주지 않아도 '이 사람이 나를 이해해 준다'는 마음이 큰 위로가 됐거든요.

남편은 송연 씨에게 과도한 걱정을 드러내지도, 일을 방해하지도 않았습니다. 대신 송연 씨가 더 집중할 수 있도록 조용한 환경을 만들어 주며 힘이 돼 줬을 뿐입니다. 업무에 정신이 없는 송연 씨를 대신해 직접 보양식을 준비하거나 남겨 둔 설거지를 말없이 해 놓기도 하면서 말이죠.

서준 씨는 핸드폰이 울릴 때마다 화면을 숨기고 확인하는 습관이 생겼습니다. 여자 친구가 "방금 연락 온 사람 누구야?"라고 캐물을 것이 뻔하기 때문이죠. 오늘도 동창에게 온 메시지를 보더니 여자 친구의 미간이 찌푸려집니다.

"그 친구랑 왜 자꾸 연락해? 나랑은 잘 안 만나면서 친구는 너무 자주 만나잖아. 나보다 친구가 더 중요해?"

여자 친구의 말에는 항상 날이 서 있습니다. 매번 이런 상황이 반복되자 친구 관계는 점점 소원해졌습니다. 한번은 문제를 원만하게 풀어 보려 이야기를 꺼냈지만, 여자 친구는 발끈했습니다. 같이 시간을 보내고 싶어서 그랬을 뿐인데 왜 본인을 이기적인 사람으로 만드냐는 것이죠. 서준 씨의 휴대폰을 본인이 직접 확인할 때도 있습니다. 불편함을 표현해도 오히려 "숨기는 거 있냐?"라며 당당한 태도를 보였습니다. 서준 씨는 이제 핸드폰에 전화나 메시지가 오면 여자 친구의 눈치부터 살피는 습관이 생겼습니다.

　사랑이라는 이름으로 시작된 관계라도 시간이 지나면서 점점 내 감정이 위축되고 나 자신을 잃어 가는 느낌이 든다면 반드시 관계를 돌아봐야 합니다. 물론 둘 사이의 갈등이 사랑하는 과정에서 자연스럽게 발생한 일인지 아니면 건강하지 않아서 생긴 일인지 확인부터 해야 하겠죠.

　관계의 건강함은 사소한 일상에서 드러납니다. 같은 상황이라도 어떤 사람은 나를 지지해 주고 어떤 사람은 내 감정을 너무 쉽게 여깁니다. 앞선 사례들은 바로 그런 차이를 보여 주는 대표적인 상황입니다. 두 사례 모두 나름의 갈등과 고충이 있지만 한쪽은 지지와 배려로 함께하고 있고 다른 한쪽은 통제와 의심으로 상대를 힘들게 만들고 있죠. 이 두 관계의 분위기와 흐름을 객관적으로 비교할 방법이 있을까요?

지지와 통제를 구분하는 방법

　첫째, Yes, No, Maybe.
　가스라이팅의 대표적인 문제는 싫다는 말을 하기가 힘들다는 점입니다. 아래 세 가지 영역으로 상대방에게 허용 가능한 나의 기준을 나눠 보세요.

• Yes Zone(허용 가능).
하루 한 번 전화하기, 주말에 데이트하기.

• No Zone(허용 불가).
내 핸드폰 열어 보기, 친구 만나지 못하게 하기.

• Maybe Zone(상황에 따라 허용).
친구 모임에 동행하기, SNS에 같이 나온 사진 올리기.

내가 어디까지 괜찮고 어디서부터 불편한지 스스로 명확하게 정리해 두면 상대방에게 휘둘리지 않고 나를 지킬 수 있는 기반이 됩니다.

둘째, 감정 기록장 작성하기.
가스라이팅의 전형적인 특징 중 하나는 '내가 예민한가?', '내가 잘못했나?' 하는 자기 의심이 생기도록 조장한다는 점입니다. 이를 막기 위해서는 자신을 객관적으로 돌아볼 수 있는 장치가 필요해요. 그게 바로 감정 기록장입니다.

오늘 무슨 일이 있었는지, 그 일로 나는 어떤 감정을 느꼈는지, 상대방이 어떤 말을 했고 그때 내 마음은 어땠는지를 돌아보세요. 시간순으로 내용을 기록해 보면 객관적인 패턴이 드러납니다. '이 사람은 반복적으로 내 말을 무시하네', '내가 항상 양보하면서 맞추고 있네'처럼요. 기록은 관계를 유지할지 정리할지 판단하는 중요한 기준이 될 수 있습니다.

셋째, 반응 관찰하기.

상대에게 당신의 생각이나 요구를 말했을 때 어떤 반응이 나오는지를 살피고 꼭 기억해 두세요. "네 생각은 어때?"라고 나에게 물어봐 주나요? 아니면 "그건 아니지"라며 바로 내 감정을 덮어 버리나요? 상대방이 잘못했는데도 미안하다는 말 없이 오히려 나를 탓하나요? 진심으로 나를 아끼는 사람은 내 말에 귀 기울이고 내가 느끼는 감정을 무시하거나 부정하지 않습니다. 자꾸 나를 비난하거나 "네가 틀렸어" 같은 반응이 계속된다면 왜곡된 사랑일 가능성이 높습니다.

넷째, 끊어 내기.

이 관계가 사랑인지 집착인지 구분하기 어렵다면 다음 문장의 나머지 부분에 내 생각을 넣어서 작성해 보세요.

"나는 이 사람과 함께 있을 때 _____."

더 편안해진다, 조심하게 된다, 나다워진다, 자꾸 나를 숨긴다, 웃는 때가 많다, 울고 싶어질 때가 많다.

빈칸에 긍정적인 감정과 부정적인 감정 중 어떤 게 더 많이 적히느냐에 따라 지금 내가 유지하고 있는 관계를 판단할 수 있을 것입니다. 진짜 사랑은 나를 지워 가며 버티는 게 아니라 나를 지키면서 함께하는 것이니까요.

상대가 내 감정을 존중하는지 무시하는지 살펴보는 것만으로도 관계의 본질이 드러납니다. 사랑은 나를 지워 가는 것이 아니라 나를 지키며 함께할 때 비로소 진짜가 되니까요.

 **체크 포인트**

좋은 사랑은 서로가 자신을 더 사랑하게 만듭니다.

각자가 함께 걸어갈 때 필요한 것

많은 사람이 연애나 결혼 생활에서 갈등이 생기면 "우리는 성격이 안 맞아"라고 말합니다. 성격 차이는 모든 관계에 붙이기 좋은 간단한 이유 중 하나죠. 하지만 조금 더 깊이 들여다보면 사랑하는 사이에서의 갈등은 단순한 성격 차이보다 훨씬 더 오래된 뿌리를 갖고 있습니다. 바로 자라 온 집안의 문화와 성장 배경의 차이에서 비롯된 무의식적 습관입니다.

돈을 어떻게 써야 마음이 편한지, 애정을 어떻게 표현해야 안심이 되는지, 갈등이 생겼을 때 어떻게 반응하는지, 심지어 식사 자리에서 대화하는 방식까지도 모두 어린 시절 가정에서 자연스럽게 몸에 익힌 것들입니다. 우리는 내 행동의 배경을 자각하지 못한 채 살아가다가 사랑하는 사람을 만났을 때 비로소 나의 낯선 모습을 마주하게 됩니다.

누군가는 '조금만 더 연락해 주면 좋겠다'고 느끼고, 다른 이는 '왜 이렇게 사사건건 묻고 확인하느냐'며 숨막혀 합니다. 같은 상황을 두고도 정반대의 해석이 나오는 이유는 결국 서로 다른 성장 배경이 우리 마음속에 깔려 있기 때문이에요.

상대에게서
내 부모의 모습이 보일 때

지현 씨는 연애 중인 남자 친구가 "오늘 뭐 했어?"라고 묻는 말이 불편합니다. 남자 친구는 단순히 안부를 확인하는 차원에서 묻는 것이었지만 지현 씨는 부모님이 늘 "어디 갔다 왔니, 숙제는 했니"라고 잔소리하던 기억 때문에 이 질문을 듣는 순간 남자 친구가 나를 통제한다고 느낍니다. 질문이 이어질 때마다 마음이 조여 오고 남자 친구가 자신을 감시하는 것 같은 착각까지 들죠.

반대로 남자 친구는 지현 씨에게 서운함을 느낍니다. 자신은 진심으로 애정을 표현하고 있다고 믿기 때문입니다. 그저 하루 동안 지현 씨가 무슨 일이 있었는지 궁금하고, 일상의 작은 순간을 나누며 더 가까워지고 싶은 마음이었죠. 그런데 지현 씨가 대답을 피하거나 차갑게 반응할 때마다 '왜 이렇게 예민하지? 내가 뭘 잘못했나?' 하는 의문이 쌓입니다. 그에게 "오늘 뭐 했어?"라는 말은 그저 관심과 연결의 표현일 뿐인데, 지현 씨가 마치 추궁당하듯이 불편해하는 모습을 보이면 억울함마저 느껴집니다.

사실 말 한마디, 행동 하나에 담긴 뉘앙스는 객관적이지 않습니다. 누구에게는 사랑의 표현이 다른 누군가에게는 통제나 간섭이 될 수 있으니까요. 그 차이를 이해하지 못하면 관계는 쉽게 틀어지고 반복된 오해는 감정을 더 멀어지게 만듭니다.

민호 씨는 어릴 적부터 "사랑한다"라는 말을 거의 들어 보지 못했습니다. 부모님은 애정을 말로 표현하기보다 밥을 챙겨 주고 생활을 돌보는 방식으로 마음을 표현하고는 했습니다. 그래서 민호 씨에게 사랑을 '굳이 말하지 않아도 알 수 있다'는 것이 기본 공식이었습니다.

그래서인지 민호 씨는 아내에게 따뜻한 말을 하는 남편은 아니었습니다. 출근길에는 "다녀올게" 정도의 인사만 건넸고 특별한 날이 아니면 "사랑해"라는 표현도 거의 하지 않았어요. 민호 씨 입장에서는 편안하고 자연스러운 태도였지만 아내는 점점 외로움을 느꼈습니다. 아내는 표현이 풍부한 집안에서 자라 매일 "사랑해"라는 말을 듣는 것이 당연했거든요. 그래서 민호 씨의 무덤덤함이 곧 무심함처럼 다가왔습니다. 민호 씨가 여전히 함께 장을 보고 집안일을 나눠 하며 애정을 행동으로 보여 주지만 직접적으로는 표현하지 않기 때문에 아내에게는 그 사랑이 닿지 않습니다.

내게는 당연한 방식이 상대에게는 낯설고 때로는 상처가 되기도 합니다. 같은 사랑도 자라 온 배경이 다르면 전혀 다른 언어로 해석되는 것입니다.

부모와 나의 관계를 배우자와 반복하지 않아도 된다

성격 차이는 대화를 통해 조율할 수 있습니다. 하지만 성장 배경에서 비롯된 습관은 무의식 깊숙한 곳에 자리 잡고 있어 쉽게 드러나지 않습니다. 그렇기 때문에 더 의도적으로 점검할 필요가 있습니다.

반복되는 갈등 앞에서 "우리는 성격이 안 맞아"라고 단정 짓는 대신 "내가 이 습관을 어디서 배운 걸까?", "이 반응은 언제부터 시작된 걸까?" 하고 스스로 묻는 것이 중요합니다. 그렇게 할 때 서로의 차이를 더 객관적으로 바라볼 수 있고 이해의 폭도 넓어집니다. 결국 서로 다른 집안의 문화를 알아차리고 존중할 때 관계는 한층 단단해집니다.

 성장해 온 배경은 바꿀 수 없지만 그것을 의식하고 대화를 나누는 것은 얼마든지 할 수 있습니다. 과거의 가족 문화가 현재의 사랑을 지배하지 않도록 지금의 우리가 기준을 새롭게 세워 가야 합니다. 때로는 그런 과정이 불편할 수도 있지만 결국은 서로를 더 잘 이해하는 기회가 될 것입니다.

 첫째, 각자의 집에서 배운 습관을 점검하기.
 우선 내가 어떤 환경에서 자라왔는지 돌아보는 것이 필요합니다. 어릴 적 갈등이 생겼을 때 우리 집안 구성원들은 어떻게 반응했는지, 화가 났을 때 감정을 드러내는 것이 금지되지는 않았었는지 등을 떠올려 보세요
 누군가는 침묵과 회피로 갈등을 덮었을 수 있고 누군가는 큰 소리로 감정을 쏟아 내는 것이 자연스러웠을 수 있습니다. 이런 경험은 현재의 관계에서 내가 무의식적으로 보이는 반응의 원인을 설명해 줍니다.

 '집에서는 갈등이 생기면 어떻게 풀었었지?'

'내가 화가 나면 보이는 행동의 패턴은 어디서 시작된 걸까?'

둘째, 서로의 차이를 대화로 확인하기.
각자가 배운 방식이 다르다는 사실을 인정한 뒤에는 서로의 배경을 직접 묻고 들어 주는 과정이 필요합니다. 상대의 이야기를 들으면 저 사람이 왜 저런 반응을 보이는지를 이해할 수 있고 나의 익숙한 행동이 상대에게는 불편하게 느껴질 수 있음을 알게 되니까요. 이런 대화는 단순히 과거를 묻는 것이 아니라 앞으로의 관계를 설계하는 기초가 됩니다.

"당신은 어릴 때 애정을 어떻게 표현했어?"
"우리 집은 이런 게 당연했거든. 당신은 어때?"

셋째, 우리만의 룰 만들기.
과거 각자의 집에 존재했던 규칙을 그대로 답습하는 것이 아니라 지금의 두 사람이 합의를 거쳐 새로운 기준을 세우는 것이 중요합니다. 돈을 쓰는 방식, 애정 표현의 빈도, 갈등이 생겼을 때의 대처법을 항목별로 정리해 보세요. 합의된 작은 규칙들이 관계를 안정시킵니다.
예를 들어 평일에는 각자의 루틴을 존중하고 주말에는 함께 시간을 보내기로 약속할 수 있습니다. 갈등이 커지기 전에 미리 정한 특정한 신호 단어를 사용해 대화를 멈추고 진정하는 방법을 합의할 수도 있습니다. 또 매월 한 번은 서로의 불편했던 습관이나 개선할 점을 솔직히 나누는 시간을 갖는 것도 도움이 됩니다.

평일에는 각자 루틴 존중하고 주말은 함께 보내기.
갈등 시 "잠깐만 멈추자!" 등 신호 단어로 대화 멈추기.
매월 1회 '불편했던 습관 점검의 날' 보내기.

이런 과정을 통해 과거가 현재를 지배하지 못하도록 막을 수 있습니다. 이렇게 만들어 가는 합의는 단순한 규칙이 아니라 서로가 서로를 존중한다는 표시이자 새로운 가족 문화를 세워 가는 과정이 됩니다.

 **체크 포인트**
부모의 방식은 내려놓고 우리만의 방식을 세워 가세요.

아무도 상처받지 않고
불만을 이해하는 법

연인이나 부부 관계에서 화를 내는 건 항상 조심스럽습니다. 그래서 누군가는 감정을 참지 못하고 터뜨린 후에야 후회하고, 누군가는 최대한 갈등을 피하려 마음속에 해소되지 못한 감정을 꾹꾹 눌러 담아 두죠. 하지만 이런 방식은 결코 오래가지 못합니다. 누적된 감정은 서서히 둘 사이에 거리감을 만들고 전혀 엉뚱한 상황에서 폭발하죠.

미국 심리학회에서는 부부가 다섯 번의 긍정적 상호 작용을 했다면 한 번 정도는 갈등을 해소해야 관계가 잘 유지된다고 말합니다. 감정을 표현하지 않고 억누른다고 갈등이 사라지는 것이 아닙니다. 오히려 내면에 불만이 쌓여 돌이킬 수 없는 균

열이 생깁니다. 다섯 번에 한 번 정도는 불편하더라도 감정을 드러내야 한다는 이야기입니다.

하버드대학교 연구 팀 역시 같은 맥락의 결과를 발표했습니다. 불편한 주제더라도 대화를 나눈 커플과 표면적 화합만 유지하는 커플의 행복도를 비교한 결과, 7년이 지난 시점에서 전자의 행복도가 후자보다 68퍼센트 높았다는 연구입니다. 또한 서울대학교 연구 팀의 조사에 따르면 감정을 3개월 이상 참고 넘긴 부부의 이혼율은 41퍼센트였지만 불편한 감정을 적절히 표현한 집단의 이혼율은 17퍼센트에 불과했습니다.

따라서 겉으로 전혀 갈등이 없는 평화로운 관계는 오히려 감정이 억눌려 있기 때문에 수면 아래에 쌓인 부정적인 감정이 언제 치명적으로 작용할지 모릅니다. 중요한 건 화를 내지 않는 것이 아니라 어떻게 화를 잘 내느냐입니다. 감정을 터뜨리지 않고 건강하게 전달하는 법을 알아야 합니다. 그것이 결국 사랑을 오래 지속시키는 힘이니까요.

성숙한 태도는 어떻게 드러나는가?

토요일 아침, 연수 씨는 남편이 아이와의 약속을 잊고 골프

장에 간다는 소식을 들었습니다. 오늘은 아이의 유치원 행사가 있는 날입니다. 남편이 잊을까 봐 이미 여러 차례 참석해야 한다고 상기시켰는데도 남편이 깜빡하고 골프 약속을 잡아 버린 것이죠.

연수 씨는 순간적으로 화가 치미는 걸 느꼈습니다. "어쩜 그렇게 아이에게 무심해? 작년에도 당신 안 와서, 아이가 울었던 거 기억 안나?" 하고 소리를 지르면, 다혈질인 남편 역시 "일부러 그런 것도 아니고 사람이 잊을 수도 있는 거지! 당신은 그런 적 없어? 그렇게 화를 낼 일이야?"라고 말할 게 뻔합니다.

연수 씨는 고함을 지르는 대신 잠시 베란다에 나가 심호흡을 하며 감정을 가라앉혔습니다. 그리고 방으로 돌아와 이렇게 말했습니다.

"여보, 오늘 유치원 행사 있다고 얘기했었는데 기억해? 당신 못 온다고 하면 분명 아이가 속상해할 텐데. 나도 조금 서운하네."

흥분하지 않고 최대한 차분하게 속상함을 알리는 연수 씨의 말에 남편은 미안해하며 사과를 했어요. 다시는 이런 일이 반복되지 않게 하겠다고 다짐도 했고요. 대신 그날 저녁, 온 가족이 모여 맛있는 저녁 식사를 했습니다.

종현 씨는 아내의 동창 모임이 영 못마땅합니다. 모임에 나갈 때마다 술을 많이 먹거나 자정이 넘어서 들어오는 일들이 많았기 때문이에요. 오늘도 이미 밤 11시가 넘어가고 있지만 아내는 전혀 들어올 기미가 안 보입니다. 전화를 했지만 받지도 않고요. 종현 씨는 아내가 친구들을 만나는 날이면 불 꺼진 거실에 앉아 아내가 들어오기만을 하염없이 기다립니다.

드디어 아내가 집에 들어옵니다. 종현 씨는 벌떡 일어나 바로 아내에게 달려갔어요.

"당신 제정신이야? 대체 이 시간까지 뭐한 거야? 아예 들어오지 말지, 왜 들어왔어? 안 봐도 뻔하다 뻔해! 당장 나가!"

순간 놀랐던 아내는 곧 같이 소리를 지르기 시작합니다.

"당신은 늦은 적 없어? 한 달에 한 번 친구들 만나서 스트레스 푼 게 그렇게 잘못이야? 이 정도도 이해를 못해 줘? 내가 나가라면 못 나갈 줄 알아?"

아내는 방으로 들어가 옷가지를 챙기더니 현관문을 쾅 닫고 나갑니다.

'이러려던 건 아니었는데. 다음부터는 좀 일찍 들어오라는 취지로 이야기하려던 건데. 어디서부터 잘못된 거지? 내가 너무 과했나?'

종현 씨는 사실 언성을 높여 말을 뱉은 순간부터 후회하기 시작했습니다.

단순히 갈등을 피하는 것이 능사는 아닙니다. 나의 불편함을 상대방에게 알리고 관계를 발전시키는 것이 보다 성숙한 관계를 위한 자세입니다. 건강한 사랑은 서로의 불완전함을 있는 그대로 보고, 개선하며, 성장하는 과정을 거치니까요. 다만 내가 느낀 부정적인 감정들을 어떻게 제대로 전달하고 관계를 긍정적으로 이끄느냐가 문제입니다.

연인이나 배우자와의 관계에서 화가 날 때 우리는 '말하느니 못하지 않을까' 하는 생각에 가로막혀 말을 삼키고는 합니다. 실제로 상담하러 오시는 많은 분이 감정을 참는 것이 성숙한 대처라고 오해하죠.

하지만 갈등은 단순히 피한다고 해서 사라지지 않습니다. 겉으로는 "괜찮아"라고 말하면서도 마음 깊은 곳에서는 관계에 대한 실망과 분노가 켜켜이 쌓입니다. 그래서 감정을 숨기는 법이 아니라 현명하게 전달하는 연습을 해야 합니다.

침묵과 싸움 대신
슬기롭게 이야기하는 세 가지 방법

첫 번째, 감정 알아차리기.

화가 났을 때 지금 내 안에 어떤 감정이 있는지 정확하게 알아차리는 것부터 시작하세요. 많은 분이 '내가 지금 화가 났다'고 느끼지만, 실제로 내가 느낀 감정은 무시당한 느낌, 실망감, 서운함 같은 여러 부정적 감정이 섞인 복합적인 것일 때가 많습니다.

예를 들어 '약속을 어겨서 화가 난 게 아니라 나를 존중하지 않는 것 같아 서운한 거야', '늦게 온 게 문제가 아니라, 아무 연락 없이 기다리게 해서 외로웠던 거야'처럼 말이죠. 감정을 세분화해서 인식하면 상대방에게 내 마음을 더 효과적으로 전달할 수 있습니다.

두 번째, 내 감정 알리기.

감정을 전달할 때는 "넌 왜 그래?"가 아니라 "나는 이렇게 느꼈어"라고 말해 보세요. 거칠고 직설적인 표현은 나와 상대 모두에게 부정적인 영향을 줄 뿐입니다. "당신은 항상 자기 생각만 해!", "당신은 항상 날 무시하더라"라고 말하면 화는 더욱 커지고 상대방 역시 큰 상처를 입습니다.

별다른 대비를 하지 않고 있다가 갑작스럽게 부정적인 표현을 듣는 순간 나도 상대도 욱하기 쉽습니다. 내 행동의 의도와 뜻을 멋대로 해석하는 느낌이 드니까요. 상대에 초점을 두지 말고 내 감정을 표현하는 것에 집중해야 비로소 대화가 가능해집니다. 일상 속에서 다음과 같은 문장을 연습해 보세요.

"그때는 조금 당황스러웠어."
"그 말이 나에게는 상처로 느껴졌어."
"그럴 의도가 아니었던 거 알아. 그런데 나는 속상하더라."

이런 방식의 말하기 방법들은 순간적으로 감정이 폭발하는 패턴이 반복되는 커플에게 특히 효과가 큽니다.

세 번째, 대안 제안하기.

감정을 표현하고 나면 그다음은 관계를 위한 제안을 해 보세요. 이후에 비슷한 갈등이 반복되지 않으려면 상황에 대한 대안이나 규칙을 함께 만드는 게 좋습니다.

"중요한 날에는 전날에 서로 일정을 확인하자."

"늦을 때는 카톡 한 줄만이라도 남겨 줘. 그럼 조금 안심이 될 것 같아."

"우리 싸우기 전에 3분만 각자 방에 들어가서 생각하고 이야기하는 건 어때?"

상대방은 내가 화를 내거나 짜증을 부리는 것이 아니라 우리 관계를 지키고 싶어 한다는 진심을 느낄 수 있습니다. 그렇게 서로의 마음이 조금씩 열리며 더 가까워지게 될 것입니다.

 체크 포인트
감정은 표현하지 않으면 아무도 알아 주지 않습니다.

서로가 아프지 않게
사과하는 법

"미안하다고 했잖아. 그럼 됐지, 뭘 더 바래?"

이런 말이 과연 대화에 어떤 도움이 될까요? 사과는 단순한 말이 아니라 관계를 회복시키는 과정입니다. 이때 말보다 중요한 건 그 말을 전하는 태도, 타이밍 그리고 진정성이죠.
 하지만 많은 사람이 사과를 어렵게 느낍니다. 꼭 먼저 사과해야 하나 싶고, 나만 잘못한 사람이 되는 것 같고, 그냥 잘하는 모습을 보여 주면 되지 굳이 말로 해야 하나 싶죠. 이런저런 생각들 때문에 제대로 된 사과를 주고받지 못한 채 관계에는 감정의 앙금만 쌓여 갑니다.

제대로 된 사과가 없고 제대로 된 화해가 없는 관계는 그 순간 멈춘다고 봐야 합니다. 시간이 지나고 관계에 새로운 사건이 생겨도 어느 한 사람의 마음에는 당시의 기억이 고스란히 남아 있는 것이죠. 또한 가까운 사이일수록 사과는 더 어려워집니다. 오랫동안 쌓인 서운함, 서로에 대한 기대, 감정의 골이 점점 깊어지기 때문입니다.

하지만 사과는 약자의 행동이 아니라 성숙한 관계를 이어가기 위한 책임감의 표현입니다. 진심 어린 사과 한마디는 서로의 감정을 회복시키고 다시 신뢰를 쌓는 출발점이 될 수 있습니다. 사소한 갈등이 어떻게 큰 감정의 균열로 이어지는지, 그 속에서 사과의 방식이 얼마나 중요한지 살펴보겠습니다.

상대가 자신의 감정을 더 중요하게 생각할 때 우리는 외로워진다

태호 씨는 평소 시간 약속을 매우 중요하게 여깁니다. 업무든 사적인 만남이든 적어도 10분 전에 도착해 기다리는 게 예의라고 생각해요. 시간을 지키는 건 신뢰와 존중의 표현이라고 믿습니다. 하지만 여자 친구는 약속 시간에 늘 느긋한 편입니다. 데이트 때마다 몇십 분씩 늦는 건 기본이고 어떤 날은

한 시간 이상 늦기도 합니다. 오늘도 약속 시간에 40분이나 늦게 도착했어요. 태호 씨는 짜증이 치솟았지만 감정을 누르며 물었습니다.

"오늘은 왜 늦은 건데?"

그러자 여자 친구는 심드렁하게 대답했어요.

"어휴, 길이 좀 막혔어. 나도 힘들어. 인상 좀 펴."

그리고 일주일 후 또 같은 일이 반복됐습니다. 여자 친구는 약속 시간에 나타나지 않았고 전화를 걸자 지금 막 출발했으니 조금만 기다려 달라고 말했습니다. 이미 감정이 누적된 태호 씨는 말없이 자리를 박차고 집으로 돌아갔습니다. 기다리게 해서 미안하다는 연락이 올 거라 기대했지만 돌아온 건 "그렇다고 집으로 가면 어떡해? 좀 기다려 주면 안 돼?"라는 날카로운 반응이었습니다. 여자 친구는 자신의 행동보다 태호 씨의 반응을 더 문제 삼았습니다. 태호 씨는 약속을 대하는 여자 친구의 태도에서 서로의 가치관이 다르다는 걸 깨달았습니다.

오늘은 결혼 9주년이 되는 결혼기념일입니다. 수지 씨는 저녁 이벤트를 준비하고 남편을 기다렸지만 남편은 아무 연락도 없이 밤 10시가 넘어서야 집에 들어왔어요. 수지 씨가 오늘 결혼기념일인 거 알았냐고 묻자 남편은 짜증 섞인 목소리로 대답합니다.

"어, 깜빡 잊었네. 근데 오늘 회사에서 하루 종일 회의 때문에 미치는 줄 알았어. 힘들어 죽겠는데 좀 넘어가자."
"준비하고 기다렸는데 그렇게 말해야 해? 정말 너무하네."
"미안하다, 미안해! 당신은 집에서 편하게 있으니까 이런 걸 신경 쓸 체력이라도 있지. 근데 난 아니라고!"

이후 며칠 동안 두 사람은 한마디도 나누지 않았어요.

사람들은 사과해야 하는 순간이 오면 상황 자체를 회피하거나 오히려 화를 내며 적반하장으로 반응하기도 합니다. 왜 이런 일이 벌어질까요?
당장 느껴지는 감정은 억울함일 수 있습니다. '굳이 내가 먼저 사과해야 할 문제야?', '나만 잘못한 것도 아닌데 왜 내가 먼저 고개를 숙여야 하지?' 하고요. 상대방에게 서운한 점이 남아 있을수록 사과는 더 어렵습니다. 사과가 일방적인 패배 선언으로 느껴지고 잘못을 인정하면 약자가 되는 것 같아 두려워지기도 하죠.

한편으로는 사과했다가 상황이 더 커질까 봐 두렵기도 해요. 괜히 미안하다고 했다가 "이제야 잘못을 아는 거야?"라며 상대방이 더 강하게 반응하지는 않을까 걱정되는 것이죠. 오히려 긁어 부스럼을 만드는 것 같고, 그럴 바에는 그냥 아무 말 없이 지나가는 것이 낫겠다고 생각하기도 합니다. 마음 깊은 곳에는 '시간이 지나면 잊을 거야', '굳이 사과하지 않아도 알아주겠지'라는 바람도 숨어 있습니다.

하지만 진심 없는 사과나 타이밍을 놓친 표현은 관계를 회복시키지 못합니다. 사과를 통해 관계를 회복하고 싶다면 그 전에 반드시 이런 질문부터 던져 봐야 합니다.

'나는 이 대화를 통해 정말 상대의 감정을 회복시키고 싶은가? 아니면 단지 이 상황을 빨리 끝내고 싶은 건가?'

이 질문에 솔직해질 수 있다면 그다음부터는 어떻게 사과할지도 훨씬 명확해집니다. 중요한 건 누가 옳은가보다 사과에 담긴 진심이 잘 전달됐는지니까요.

사과는 사실 확인이 아니라 마음 확인이다

첫째, 사실보다 감정에 초점 맞추기.
많은 사람이 사과할 때 사실 관계를 따지는 데 집중합니다.

"그건 네가 잘못 이해한 거야."
"그때 상황을 한번 들어 봐."

그런데 이런 말들은 오히려 상대를 더 화나게 합니다. 대신 이렇게 말해 보세요.

"네 마음이 어땠을지 생각해 봤어."
"그 상황에서 내가 그렇게 말해서 정말 미안해."

무엇을 했는지보다 상대가 어떻게 느꼈는지를 인정해야 해요.

둘째, 조건 없이 인정하기.
"그럴 의도는 아니었는데…", "근데 너도 그랬잖아"라는 말들은 사과가 아니라 정당화입니다. 상대가 여전히 이해받지 못했다고 느끼게 되니까요. "네 입장에서는 그 상황이 충분히 서운할 수 있었을 것 같아", "내가 상처 준 거 맞아. 그 점에 대해서는 변명의 여지가 없어"라고 말해 보세요. 상대의 감정에 공감하는 태도가 먼저입니다.

셋째, '앞으로는'을 붙이기.

아무리 사과했어도 똑같은 일이 반복되면 이후 관계의 신뢰도는 더욱 빠르게 무너집니다. 사과의 진정성은 말이 아니라 행동에서 드러나니까요. "앞으로 중요한 날짜는 공유 캘린더에 같이 체크해 둘게", "다음부터는 내 감정이 격해지는 순간 잠깐 멈췄다가 이야기할게"라고 말해 보세요. 구체적인 변화 방안을 제시할수록 다시 신뢰받을 가능성이 높아집니다.

넷째, "넌 너의 잘못을 몰라"라는 말이 나오면 질문하기.

내가 사과를 했는데 상대방이 "넌 네 잘못을 정확히 모르고 있어"라고 할 때는 변명이나 방어 대신 이렇게 질문하세요.

"내가 뭘 잘못한 건지 구체적으로 말해 줄 수 있어?"
"너한텐 어떤 부분이 가장 속상했어?"

화가 나서 따지는 게 아니라 상대의 입장과 생각을 존중하며 질문하는 태도를 보이는 게 중요합니다. 내가 생각했던 사과의 포인트와 상대방이 원한 부분이 다를 수 있으니까요. 사과는 상대방이 원하는 부분을 파악해야 합니다.

다섯째, 적절한 타이밍 맞추기.

나중에 기분이 풀리면 말해야겠다는 생각으로 타이밍을 놓치면 갈등이 더 깊어집니다. 사과는 감정이 완전히 가라앉은 후가 아니라 짧더라도 감정을 건드린 직후에 시도하는 것이 효과적입니다.

"방금 내 말이 상처 됐을 수 있을 것 같아. 미안해."
"기분 풀리면 다시 이야기하자. 근데 우선 미안하다고 말하고 싶어."

진심을 전달하는 데 타이밍은 정말 중요해요. 사과가 늦어지면 상대는 "이 사람은 내 감정을 대수롭지 않게 여기는구나"라고 해석할 수 있습니다.

 **체크 포인트**

사과할 수 있는 용기가 더 건강한 관계를 만듭니다.

혼자가 편한 사람을 위한 질문들

○ 함께와 혼자 사이에서 내가 원하는 균형은 무엇일까?

○ 우리 관계에 도움이 될 규칙은 무엇이 있을까?

○ 우리 사이 갈등은 가치관에서 오는 차이일까, 생활 습관에서 오는 차이일까?

○ 서로의 차이를 비난이 아닌 조율로 풀어 가려면 어떤 것을 시도해 볼 수 있을까?

○ 지금의 사랑은 나를 지지하나, 아니면 위축시키나?

○ 사랑 속에서 나를 잃지 않으려면 어떤 선택이 필요할까?

○ 나는 화가 난 이유를 감정의 언어로 말하고 있나?

○ 화난 감정을 상처가 아닌 대화로 바꾸려면 어떤 표현을 쓸 수 있을까?

○ 나는 사과를 통해 상대의 마음을 회복시키고 싶은 걸까, 아니면 그저 상황을 빨리 끝내고 싶은 걸까?

○ 내 진심을 말이 아닌 행동으로 어떻게 보여 줄 수 있을까?

4장

일은 일로 두고
마음은 가볍게 한다

일터에서 적당하게 잘 지내는 요령

힘든 건 일이 아니라 감정이다

사람의 성향과 특성이 다르듯 직장도 각기 다릅니다. 사바사(사람 바이 사람)라는 말처럼 회바회, 부바부라는 말도 있죠. 한 회사만의 독특한 분위기가 있고 눈에 보이지 않는 암묵적인 룰과 문화가 있으니까요.

하고 있는 업무에 대해서는 딱히 불만이 없고 적성에도 잘 맞는 것 같은데 회사만 다녀오면 자꾸 지치는 느낌이 들 때가 있습니다. 사수에게 업무 실력도 인정받고 동료들과 즐겁게 일하고 있다고 생각했는데 이상하게 감정적으로 소진되는 느낌이 드는 것이죠.

사실 직장인들은 성과를 내는 것뿐 아니라 상사 및 동료들과 원만하게 관계를 형성하는 역할까지도 요구받습니다. 일은 혼자 하는 게 아니라 함께 맞춰 가야 하는 것이니까요. 회사라는 작은 사회에서 그 관계만의 적정한 톤을 유지하기 위해 끊임없이 나를 조율해야 하죠. 문제는 혼자 있을 때는 괜찮다고 여겼던 일이 직장 안에서는 훨씬 크게 다가온다는 점입니다.

어떤 말투로 회의에 참여해야 할지, 어느 타이밍에 의견을 내야 할지, 이 말이 오해를 주지 않을까 걱정하며 단어 하나도 신중히 고르게 됩니다. 특히 요즘은 수평적 조직 문화를 지향하는 회사들도 많습니다. 직급 대신 영어 이름을 부르는 등 자유롭게 의견을 나누는 것처럼 보이죠.

하지만 실제로 내부 사정은 조금 다를 때가 많습니다. 표면적으로는 위계 없는 편안한 소통이 이뤄지는 것 같지만 여전히 암묵적인 상하 관계가 존재하고, 분위기를 읽는 눈치가 필요하고, 역할 간 경계도 모호합니다. '팀장님은 반응이 어땠지?', '내가 분위기를 흐리진 않았나?' 하는 걱정이 여전히 마음 한편을 차지합니다.

조직 내에서 우리는 일도 잘해야 하고, 관계도 매끄럽게 유지해야 하며, 분위기까지 부드럽게 맞춰야 하는 이중, 삼중의 과제를 짊어지고 있습니다. 열심히 일하는 것만으로는 충분하지 않죠. 그래서 "일 자체는 좋은데, 이상하게 뭔가 피곤하다"는 말이 나옵니다.

일은 좋은데 사람이 힘들다면

미나 씨는 마케팅 팀 과장입니다. 브랜드 전략을 짜거나 콘텐츠 방향을 고민할 때면 머릿속이 맑아지고 에너지가 솟는 걸 느끼죠. 아이템을 새롭게 기획하고 조율하는 과정이 오히려 힐링처럼 느껴지기도 합니다. 누가 시키지 않아도 일할 때가 즐거워 자연스럽게 업무에 몰입합니다.

그런데 문제는 팀원들과 협업할 때입니다. 같은 팀 동료가 종종 미나 씨의 아이디어를 지적하거나 선배가 질문을 던지는 척하면서 본인 의견을 우회적으로 끼워 넣기도 합니다. 미묘한 견제의 의도가 느껴져 마음이 불편합니다. 선배가 상사 앞에서 마치 본인이 미나 씨보다 더 뛰어난 역량을 가졌다는 걸 증명하려는 듯 애쓰는 모습이 빤히 보이기도 하죠. '그냥 그런 사람이야. 신경 쓰지 말자'고 애써 넘기려 하지만 속으로는 왜 자꾸 나를 힘들게 하는지 의문이 생깁니다.

퇴근 시간에는 괜히 기운이 쭉 빠집니다. 일 자체는 재미있고 잘 맞지만 이렇게 업무 외적인 부분에서 긴장을 느낄 때마다 짜증이 밀려옵니다.

정수 씨는 8년 차 책임입니다. 부서 특성상 타 팀과의 회의가 많고 다양한 의견을 오가는 자리에 자주 배석합니다. 정수 씨는 예의 바르고 말투가 부드러워 조직 내에서 분위기를 잘 풀어내는 사람으로 통합니다. 팀장이 중요한 회의를 앞두고 "정수 씨가 분위기 좀 부드럽게 이끌어 줘"라고 요청하기도 하고 후배들은 미팅 분위기가 경직되면 기대하는 눈빛으로 정수 씨의 얼굴을 바라보기도 하죠.

처음에는 이런 역할이 의미 있다고 느꼈습니다. 회의 중 누군가 내용을 날카롭게 지적하면 정수 씨는 즉시 웃으며 분위기를 전환하거나 "맞아요. 그런데 이런 방향도 있어요!" 하고 긴장을 풀기 위해 노력합니다.

하지만 회의 후에는 "정작 내 의견은 아무도 중요하게 생각 안 하나?", "나만 계속 중간에서 맞추고 있는 거 아닌가?" 하는 허탈함이 밀려옵니다. 정수 씨는 요즘 회사에서 실무자가 아니라 감정 중재자가 된 느낌이 듭니다. 분위기에 신경 쓰다 보면 정작 본인 의견은 얘기할 기회를 놓치니까요.

일하는 곳에서
감정 소모하지 않는 방법

미나 씨는 경쟁과 견제 속에서 늘 긴장하고 있습니다. 애정을 갖고 제안한 아이디어가 누군가의 반대 의견 때문에 계속해서 제동이 걸리다 보면, 의견이 제대로 반영되지 않는다는 사실보다도 주변 사람들에게 존중받지 못했다는 감정이 더 크게 다가오기도 합니다. 이런 패턴이 반복되면 실망감, 회의감, 피로감에 지치기 마련이죠.

한편 정수 씨처럼 매번 사람들의 감정 흐름을 예민하게 읽고 대응하는 사람은 나도 모르게 피로도가 높아져 있습니다. 어느 회사에서든 내가 중재자가 되거나, 어색한 분위기를 풀거나, 누군가의 빈자리를 메우거나, 날카로운 사람들을 포용해서 다른 팀원들과 부딪치지 않도록 협업을 이끌어 내야 할 때가 있는데요. 이런 상황이 반복되면 내 감정을 살필 틈도 없이 남의 감정부터 서둘러 챙기게 되죠.

그렇게 스스로를 돌볼 여유가 사라지는 순간 업무도, 사회생활도 적신호가 뜹니다. 그렇다고 어색한 분위기를 간과하거나 애써 지나치면 이기적인 사람이 되는 것 같아 죄책감도 느껴집니다. 직장과 뗄 수 없는 삶을 사는 현대인들은 어떻게 이런 상황을 해결하면 좋을까요?

첫째, 관계의 피로와 감정 노동 구별하기.

우리는 흔히 관계가 힘들어지면 내 성향이 개인적이거나 사회성이 부족한지를 먼저 떠올리기 쉽습니다. 이 집단은 내가 들어가기 전부터 이미 존재했고 그들만의 분위기가 형성된 데는 분명한 이유가 있는 것처럼 느껴지죠. 물론 일정 부분은 맞는 이야기입니다. 회사를 다니다 보면 어쩔 수 없이 적응해야 하는 부분이 있고, 이런 관계에서 오는 피로감도 분명 있죠.

하지만 이는 내 감정을 과도하게 사용하는 감정 노동과는 다릅니다. 관계에서 오는 피로감은 누구나 겪는 스트레스지만 감정 노동은 다릅니다. 잘 구분이 안 될 때는 스스로에게 물어 보세요. 그냥 직장 내 관계 자체가 힘든 건지 아니면 나만 일방적으로 부서나 팀의 분위기 메이커를 책임지고 있어서 힘든 건지요. 억지로 웃고, 맞추고, 감내한다면 그것은 일방적인 감정 노동일 가능성이 높습니다.

둘째, 나만의 감정 선 긋기.

팀 내에서 누군가가 공격성을 드러내거나 분위기가 부정적으로 흘러가더라도 반드시 내가 책임져야 할 필요는 없습니다. 내 탓도 아니고요. 그래서 갈등 상황에서 나를 분리하는 연습을 할 필요가 있습니다. 정중하게 선을 긋는 아래의 문장들을 연습해 보세요.

"이 부분은 제가 정리한 내용이에요. 다른 의견이 있다면 말씀해 주세요. 조율하겠습니다."
"제가 중간에서 중재할 때 좀 버거울 때가 있습니다."
"분위기를 신경 쓰다 보면 막상 제 의견을 제시하거나 토론에 참여할 기회를 놓칠 때가 있어 답답합니다."

다른 사람의 공격을 맞받아치거나 더는 그런 역할을 하기 싫다고만 말하고 끝내면 상대방이 오해할 수도, 감정이 제대로 전달되지 않을 수도 있습니다. 이때 내가 느낀 불편함을 토대로 내용을 조금 더 자세히 설명하면 내 입장을 자연스럽게 공유할 수 있습니다.

셋째, 피로 회복하기.
조용한 공간에서 자신을 다독이는 시간은 감정 회복에 큰 도움이 됩니다. 내 감정이 탈진하지 않도록 혼자만의 시간을 만드는 것이 더 중요해요. 직장 안에서도 이런 간단한 방법들은 누구나 언제든 실천할 수 있습니다.

넷째, 점심시간에 나만의 코스로 혼자 산책하기.

회의 직후 창가, 화장실, 탕비실, 비상 계단 등 편한 장소에서 3분 정도 숨 고르기.

많은 직장인이 "날 싫어하지는 않을까?", "사이가 어색해지지는 않을까?"라며 고민에 빠지다 결국 하고 싶은 말을 삼킵니다. 하지만 감정을 말하지 않으면 결국에는 내가 나를 싫어하게 된다는 걸 기억하세요.

 **체크 포인트**

감정은 버티는 게 아니라 살피는 것입니다.

차라리 혼자 일하는 게 편하지 않을까?

　회의 중 의견을 냈을 뿐인데 갑자기 회의실 내에 정적이 흐를 때가 있습니다. 딱히 내 말에 반박하거나 비난하는 사람은 없지만 그 말이 회의 분위기를 싸늘하게 만들었다는 직감이 듭니다. 다들 나와 눈을 마주치지 않고 허둥대며 기분이 불쾌해 보이는 상사 눈치만 보기 바쁩니다. 그럴 때면 머릿속에서 계속 똑같은 생각이 맴돕니다.

"괜히 나섰나?"
"다들 나를 어떻게 생각할까?"
"내가 정말 좀 튀나?"

요즘에는 예전보다 훨씬 더 솔직하고 수평적인 대화가 가능해졌습니다. "자유롭게 의견을 얘기하세요", "다양한 의견을 환영합니다", "주저 말고 피드백해 주세요" 같은 말들을 회사에서 쉽게 듣지만, 정작 의견을 솔직하게 말하고 나면 어느새 '특이한 사람', '까다로운 사람'이 돼있을 때가 있습니다.

직장에서는 문제를 제기하는 사람보다 적당히 맞장구치는 사람을 더 선호하는 것처럼 보입니다. 솔직함이 때로는 '분위기를 깨지 않는 선'에서만 허용되는 것처럼 여겨지기도 합니다. 틀린 말은 아니지만 솔직함을 전달하는 방식에 따라 오히려 더 신뢰받고 관계를 단단하게 만들 수도 있습니다.

의견을 냈을 뿐인데, 피드백한 것뿐인데…

준영 씨는 팀 내에서 분석에 강하고 방향성을 잘 잡는 사람으로 알려져 있습니다. 회의 시간에는 누구보다 빠르게 자료를 확인하고 문제점이나 의문이 생기면 주저하지 않고 이야기합니다. 그런데 사실 준영 씨는 나서는 걸 좋아하는 성격은 아닙니다. 다만 회의가 잘못된 방향으로 흘러갈 때면 침묵하는 게 더 큰 리스크를 만든다는 책임감을 갖고 있죠.

하루는 팀장이 프로젝트를 발표했고 준영 씨는 발표의 내용에 이상이 있는 것 같다고 느꼈습니다.

"팀장님, 이 방향으로 가는 게 맞는 걸까요? 제 생각에는….”

준영 씨가 말을 시작하자 회의실의 분위기가 확 가라앉았습니다. 미팅이 끝나고 동료가 커피를 타 주며 말했습니다.

"준영 씨는 똑 부러지기는 한데… 과하게 솔직한 면이 있어요. 아까 회의 분위기 무거워진 거 느끼지 않았나요?"

준영 씨는 퇴근길에 회의실 장면을 수십 번 머릿속으로 재생하며 본인의 말투와 표정을 떠올렸습니다. '말을 하지 말았어야 했나?', '그냥 넘어갈 걸 그랬나?'라며 자책했죠. 어디까지 말하는 것이 적정한 선과 거리를 지키는 것인지, 정답 없는 경계선이 애매하게만 느껴집니다.

세진 씨는 디자인 팀 과장입니다. 얼마 전 막내 직원이 만든 시안에 대해 피드백을 준 적이 있습니다.

"전체적인 인상은 강렬한데 메시지에 비해 조금 과한 느낌도 있어요. 의도를 한 번 설명해 줄 수 있나요?"

세진 씨는 다른 의도 없이 그저 질문을 했을 뿐이었습니다. 하지만 막내 직원은 "아… 그냥… 한번 시도해 봤습니다"라며 말끝을 흐렸고 주변 팀원들도 순간 묘하게 말수가 사라졌습니다. 세진 씨는 의도하지 않게 '후배의 의욕을 꺾는 상사가 된 건 아닐까' 하는 찜찜함을 느꼈습니다.

게다가 회의 후 점심 식사 자리에서 친한 디자이너가 "과장님 말씀이 틀린 건 아닌데 말투가 딱딱하게 들릴 수도 있어요. 특히 막내는 여린 편이라…"라고 말하자 더욱 당황스러웠습니다. 회의 때 한 말은 막내를 위한 진심 어린 피드백이었고 무시나 폄하의 의도는 전혀 없었으니까요. 하지만 돌아오는 반응은 차가웠습니다. 팀원들의 사기를 떨어뜨리고 후배에게 상처를 줬다는 거였죠. 세진 씨는 이후 회의를 진행하거나 피드백이 필요한 순간에도 '굳이 나서지 말자'는 생각을 떨칠 수 없었습니다. 도움이 되지 않는 선배가 되는 것 같아 한편으론 씁쓸하기도 합니다.

말을 안 하면 결과가 안 좋을까 봐 걱정이 돼 책임감에 나서는 사람도, 더 나은 결과를 위한 피드백을 한 사람도 '저 사람은 왜 굳이 튀는 행동을 하는 걸까', '말만 하면 분위기를 깬다' 같은 반응이 돌아오면 맥이 빠질 수밖에 없습니다. 분명 업무적으로 옳은 말과 행동을 한 것인데 말이죠.

하지만 대화는 말에 담긴 '의도'보다도 그 말이 주는 '느낌'이 강하게 작용할 때가 많습니다. 아무리 좋은 의도로 말해도 듣고 받아들이는 쪽에서 상처를 입거나 불편함을 느꼈다면 내 의견을 전달하는 방식을 돌아볼 필요가 있습니다.

일이 잘되게 하는 네 가지 기술

첫째, 분위기 읽기.

회의나 피드백에서 무언가를 말할 때 가장 먼저 따져 봐야 할 것은 말의 '옳고 그름'보다 그 순간 내가 관계 안에서 '어떤 위치에 있는가'입니다. 예를 들어 팀장이 말한 내용에 반대 의견을 낼 때는 내가 제시하는 정보의 정확성도 물론 중요하지만, 지금 내가 말해도 괜찮은 분위기인지를 살펴보는 것이 현명합니다. 말의 진위는 그날 회의의 분위기, 자리에 있는 사람들의 정서적 흐름 등에 묻히기 쉽습니다.

때로는 그 말이 맞는지보다 그 말이 누구 입에서, 언제, 어떤 방식으로 나오느냐가 우선시 될 때도 있습니다. 말하기에 앞서 회의에 모인 사람들의 상황이나 서로간의 심리적 안전감 등을 체크해 보세요. 말할 타이밍을 잘 잡는 것도 원활한 업무 전략 중 하나입니다.

둘째, 말의 의도를 알리기.
의견을 말할 때 상대가 오해하지 않도록 미리 의도를 밝히면 효과적입니다.

"갑자기 그 부분이 궁금해서 여쭤요."
"반대 의견은 아닌데 제가 이해하지 못한 부분이 있는 것 같아서요."

말의 시작이나 끝에 지금 말하는 것은 질문, 혹은 제안이다라는 우호적인 제스처를 취하면 분위기를 어색하게 만들지 않으면서도 다른 의견이나 방향을 제시해 볼 수 있습니다. 이런 어법은 특히 성향이 예민하거나 반대 의견이 나오는 것 자체를 불편해하는 사람 앞에서 유용합니다.

셋째, 말투 조정하기.

내가 말한 내용이 사실이든 아니든 애초에 말을 듣는 사람이 '방어 모드'로 들어가면 대화는 그 순간 멈춰 버립니다. 특히 업무 피드백은 자존심을 건드리기 쉬운 부분이기 때문에 평소보다 더 푹신한 쿠션어를 사용하는 것이 좋습니다.

말의 속도를 평소보다 20퍼센트 정도 천천히 하기.
말끝 낮추기.
문장을 마무리할 때 "이건 그냥 제 생각일 수도 있어요"라고 여지 남기기.

넷째, 표현 강도 낮추기.

나의 솔직함이라는 강점이 상대방에게 상처를 주는 무기가 되지 않으려면 말하기 연습이 필요합니다. 이전에 내가 뱉은 말에 상대가 대답하지 못하고 무안해했던 장면을 떠올려 보세요. 그 장면을 머릿속에서 복기한 후 같은 말을 다르게 말해 볼 수 있습니다.

"그건 너무 과해 보여요."
→ "임팩트는 좋은데 브랜드 이미지가 다소 가려질 수 있을

것 같아요."

　의도는 같더라도 표현하는 방식과 강도가 달라지면 상대방의 수용도가 높아집니다.
　결국 말하기는 내 주장을 관철하는 일이 아니라 상대와 오래, 함께 가기 위해 다리를 놓는 과정입니다. 일상의 작은 순간부터 솔직함을 부드럽게 표현하는 연습을 한다면 어느새 그것이 습관이 돼 자연스럽게 진심을 전할 수 있을 것입니다.

 **체크 포인트**
타인을 위해 솔직할 수 있는 건 용기이자 배려입니다.

분위기에
감정 소모하지 않아도 괜찮다

직장 생활을 하다 보면 업무보다 더 힘든 것이 사람 간 거리 유지입니다. 회의 중에는 분위기를 해치지 않으려고 말을 조심 하고 점심시간에는 어색함을 피하려고 무리 속에 끼어 앉습니다. 업무와 상관없는 단톡방에서 무심코 이모티콘 하나 보낼 타이밍이라도 놓치면 소통에 관심이 없는 사람처럼 비치기도 하죠.

현대의 직장인은 일은 당연히 잘하고 사람들 사이에서 좋은 사람처럼 보여야 한다는 부담에 이중고를 겪고 있습니다. 이런 분위기 속에서는 아무리 실력이 뛰어나도 자리에 자주 빠지면 아웃사이더 취급을 받기도 합니다. 식사 후 커피 타임에 한번 빠지기라도 했다간 팀원들과 거리를 둔다는 말을 듣기도 하죠.

하지만 모든 사람이 관계의 밀도를 똑같이 감당할 수는 없습니다. 누군가는 함께 밥을 먹으며 에너지를 얻고 또 누군가는 혼자 있는 시간에 비로소 체력을 회복합니다. 혼자가 편한 사람은 관계를 거부하는 게 아니라 자신만의 속도와 거리를 지키며 관계를 유지하고 싶을 뿐입니다. 이 책은 바로 그런 사람들을 위한 관계 연습에 대한 이야기입니다.

회사 사람들과는
얼마나 친해야 할까?

영진 씨는 IT 스타트업에서 개발자로 일하고 있습니다. 이전에 다른 회사들에서 실무자로 일했던 경력도 있고 지금 맡은 프로젝트의 결과도 잘 나오는 편이라 회사에서는 영진 씨를 신뢰하고 있습니다. 경력직으로 입사한 후 조직 생활에 더 익숙해지며 착실히 커리어를 쌓으며 성장하고 있다는 느낌도 듭니다.

문제는 사람들과 가깝게 지내는 게 너무 힘들다는 점입니다. 팀원들 간 화합을 강조하는 사내 문화가 부담스럽게 느껴집니다. 회의 중 웃으며 건네는 농담이 재미있지 않아도 억지로 웃습니다. 점심시간에는 유튜브라도 보면서 혼자 밥을 먹고 싶지만 팀장님은 매번 "자, 점심들 먹으러 갑시다. 오늘은 뭐 먹으러 갈까?"라고 말씀하시며, 순식간에 함께 나가는 분위기가 형성되죠.

물론 동료들은 대체로 친절하고 직원 사이 별다른 갈등도 없습니다. 하지만 원만한 관계를 형성하며 다같이 공유하고 함께하는 분위기가 영 편하지만은 않습니다. 무리에서 빠지면 괜히 미움받을까 불안하기도 하고요. 일이 좋아서 그만둘 생각은 없지만 점점 피곤해지는 느낌이 듭니다. 그렇게 혼자가 더 편하다는 감정이 커질수록 스스로를 방어하듯 더 조심스러워지기도 합니다. 영진 씨처럼 혼자가 편한 사람은 사람을 피하는 게 아니라 적당한 거리를 둘 때 비로소 편안해지기 때문입니다.

예진 씨는 광고 대행사에 다니는 직장인입니다. 고객 관리에도 능숙하고 상사나 동료와의 커뮤니케이션도 깔끔한 편입니다. 그런데 팀 단톡방만 보면 짜증도 나고 가슴이 답답해져요. 야근 후 막 집에 도착했는데 상무님이 "우리 팀 고마워요" 등의 응원 메시지와 본인이 직접 찍은 풍경 사진들을 올렸습니다. 뒤이어 팀원들이 빠르게 '풍경이 참 예쁘네요!', '덕담 감사합니다!'라고 답장을 하죠. 예진 씨 역시 '나도 뭔가 반응해야 하나?' 싶어 재빨리 이모티콘이라도 하나 보냅니다. 퇴근하고 나서도 업무의 연장선처럼 반응을 하고 나면 '내가 왜 이런 데까지 에너지를 써야 하지?' 하는 허탈한 마음이 밀려오고는 합니다.

물론 유쾌하고 따뜻한 팀 분위기를 만들기 위해 이런 일들도 필요하다는 건 알고 있습니다. 하지만 매번 재밌는 척 웃으며 적극적으로 반응을 보여야 사회성이 좋고 마음씨가 따뜻한 사람이 되는 것 같아 불편합니다. 일만 잘하면 되는 거지, 왜 단톡방까지 신경 써야 하는지 짜증이 납니다.

각자 다른 사람들이 모여 일하는 곳에서의 태도

다 같이 어울리며 식사하고 친밀함을 유지하는 조직 문화는 누군가에게는 편하고 수평적인 문화일 수 있습니다. 하지만 구성원 개개인의 컨디션이나 감정을 조율할 여지를 주지 않으면 좋은 분위기가 아닌 공동체 의식을 강요하는 강압적 문화가 될 수 있어요. 단톡방의 리액션을 신경 쓰며 감정 에너지를 과도하게 소진하게 되고요.

그래서 퇴근 뒤에는 누구나 혼자만의 시간을 갖고 싶어집니다. 관계의 유지보다 더 우선시 돼야 하는 건 스스로 지치지 않게 타인과의 안전거리를 확보하는 것이니까요. 모두와 친밀하게 지내야 한다는 기준은 에너지를 소진시킬 뿐이죠. 진짜 좋은 관계는 서로의 속도가 다름을 인정할 때 만들어지기 때문입니다. 조용히 관찰하고 천천히 다가가는 사람도 관계에 충분히 진심일 수 있습니다. 그렇다면 적정한 거리를 유지하기 위해 어떤 방법들을 사용할 수 있을까요?

첫째, '빠져도 괜찮다'는 경험 쌓기.

직장에서의 인간관계는 계속해서 보여 주고 증명해야 하는 역할극처럼 느껴지기도 합니다. 어제에 이어 오늘도 잘 웃어야 하고, 공감해야 하고, 어울려야 한다는 무형의 압박 속에서요. 하지만 내가 모든 자리를 채워야만 관계가 유지된다는 생각은 착각일 수 있습니다.

회식, 커피 타임, 단톡방, 아침 인사, 점심 약속 등 그 모든 것에 성실히 반응하느라 정작 나 자신은 점점 지쳐 갑니다. 그러니 한 번쯤은 과감히 빠져 보세요. "오늘은 몸이 좀 안 좋아서 그냥 있을게요", "할 일이 있어서 점심은 혼자 먹을게요"라고 말해 보는 겁니다. 처음에는 걱정되겠지만 대부분 사람은 "그래, 그럴 수도 있지" 하고 무심히 지나갑니다. 심지어 어느 순간에는 내 부재를 눈치채지 못하기도 하고요.

이런 건강한 거절 경험은 생각보다 큰 의미를 가집니다. 한 번의 거리 두기로 내가 '빠져도 괜찮은 존재'라는 확신을 얻게 되면 그다음에는 감정 소진 없이 적절히 거리를 유지하는 기술이 생기기 시작하거든요.

선택적 거리 두기는 나만을 위한 이기적인 행동이 아닙니다. 오히려 나를 건강하게 유지함으로써 관계에 진심으로 참여할 수 있는 기회가 됩니다. 탈진한 상태로 웃으며 앉아 있는 것보다 잘 쉬고 회복한 후에 참여하는 게 사람들과 더 즐겁고 의미있게 소통하는 데 도움이 되죠.

이런 선택적 거리 두기는 혼자가 익숙한 사람에게 꼭 필요한 버팀목입니다. 모두와 함께할 수는 없어도 나의 리듬을 존중받는 경험이 반복되면 관계 자체에 대한 불안도 줄거든요.

둘째, 거절할 말 준비하기.

회식이나 단톡방에 자동으로 반응하게 되는 이유 중 하나는 거절하거나 조율할 말이 순간적으로 떠오르지 않기 때문입니다. 그냥 흐름을 따라가는 게 차라리 더 편하다고 느끼기도 하죠. 이럴 때는 관계를 망치지 않으면서 나를 지키는 문장들을 미리 준비하는 것이 도움이 됩니다.

"집중할 업무가 있어서 마무리하고 합류하겠습니다."
"단톡방 반응이 늦더라도 이해해 주세요. 집에 가면 알림을 꺼 두는 편이라서요."
"이번 회식은 빠질게요. 대신 다음 주에 커피 살게요!"

이런 문장들은 단호하지만 예의 있고, 진심은 담기지만 과하지는 않습니다. 거절이 익숙해지면 우리는 관계의 밀도를 스스로 조절할 수 있게 됩니다. 이런 대화가 반복되다 보면 주변 사람들도 "저 사람은 원래 그런 스타일이니까~" 하는 인식을 갖게 되고 자연스럽게 나를 존중해 주는 분위기가 형성됩니다. 그렇게 나를 조금씩 지킬 필요가 있습니다.

 **체크 포인트**
필수적인 관계 속에서도 나만의 거리감을 지키세요.

내 감정을
표현하는 기술

　직장에서 감정을 드러내는 일은 생각보다 큰 결심이 필요합니다. 괜찮다고 말하고 무던한 척 넘어가는 것이 더 편한 선택일 때가 많죠. 괜히 이야기를 꺼냈다가 예민하다는 소리를 듣거나 관계를 복잡하게 만든다는 시선을 받을까 신경이 쓰입니다. 그래서 우리는 종종 속이 상해도 웃고, 서운해도 아닌 척 그저 넘어가고는 하죠. 그리고 이런 상황이 계속 반복되다 보면 어느 순간 감정을 제대로, 현명하게 표현하는 법을 잊어버리게 됩니다.

　회사 내 인간관계는 마치 좋은 사람 코스프레를 강요당하는 공간처럼 느껴질 때가 있어요. 딱히 모나거나 나쁜 사람은 없지만 각자가 각자의 역할에 맞춰 최대한 감정을 조절하고 있으니까요. 모두 되도록이면 별 탈 없이 원만하게 굴러가기를 기대합니다. 팀워크와 협업을 중시하는 조직 분위기에서 감정을 드러내는 사람보다는 무던한 사람이 더 환영받습니다.

　이런 이유로 우리는 좋은 사람으로 남기 위해 감정을 억누르고 상처받지 않은 듯 행동합니다. 때로는 '화가 났다'는 사실보다 그 감정을 드러낼 용기가 없었다는 점이 더 후회로 남아 마음을 아프게 하기도 하죠. 그래서 무던한 척, 괜찮은 척하며 묵묵히 일하지만 퇴근 후 혼자 있을 때 문득 이런저런 생각에 마음이 복잡해집니다.

　감정 회피는 겉으로는 아무 일 없는 것처럼 보여도 몸과 마음에는 고스란히 흔적을 남깁니다. 나도 모르게 회사만 가면 무기력해지고, 말수가 줄고, 퇴근하고 나면 아무것도 하고 싶지 않게 된다면 이건 내면에 피로가 쌓였다는 신호입니다.

　아래 질문에 해당되는지 체크해 보세요. '그렇다'가 네 개 이상이라면 감정 피로도가 꽤 많이 누적된 상태일 수 있어요.

대화 중 속상해도 겉으로는 내색하지 않은 적이 많다.
동료에게 불편함을 느껴도 그냥 내가 참는 편이다.
회사 사람들과의 대화가 피곤하게 느껴진다.

출근 전이면 늘 마음이 무겁다.
퇴근 후 낮에 회사에서 있었던 잔상이 오래 남는다.
가끔 회사에서 울고 싶을 때가 있다.

직장이니까
감정을 숨기는 게 최선일까?

9년 차 대리 윤경 씨는 최근 회사에서 인사 발령이 있었습니다. 그런데 윤경 씨는 본인이 희망했던 팀이 아닌 전혀 다른 부서로 발령을 받았습니다. 팀장과 부서 이동에 관해 면담할 기회가 있었지만 이미 정리가 끝났다는 말에 별다른 의견 표출도 하지 못하고 그저 결과를 받아들였던 겁니다. 마음속으로는 만감이 교차했지만 겉으로는 담담하게 받아들였습니다.

그런데 시간이 지날수록 애써 눌렀던 속상한 마음이 조금씩 올라왔습니다. 새로 발령받은 부서의 분위기나 맡게 된 업무 내용이 윤경 씨와는 잘 맞지 않았기도 하고, 이전 팀에서 쌓아온 성과를 제대로 인정받지 못한다는 생각도 들었습니다. 팀장님과 면담할 때 '좀 더 솔직하게 내 의사를 표현해 볼걸' 하는 후회가 자꾸 생깁니다.

하지만 이제 와서 속마음을 꺼내기에는 타이밍을 놓친 것 같고 괜히 문제를 키우는 것 같아 누구에게도 이런 상황을 말하지 못하고 꾹 참았습니다.

재호 씨는 영업 팀 차장입니다. 얼마 전 회의 중 상무님이 "요즘 보고서 퀄리티가 들쭉날쭉하네. 이거 어느 팀에서 올렸어요?"라고 말했습니다. 해당 보고서를 최종적으로 올린 건 재호 씨가 맞지만 보고서는 여러 부서가 함께 협업해 작성한 것이었습니다. 게다가 상무님이 지적한 부분은 재호 씨 팀이 아닌 다른 부서가 작성한 부분이었습니다.

회의가 끝난 후 같은 팀 동료 몇 명이 "차장님, 그건 타 팀들과 협업한 공동 보고서잖아요! 그걸 상무님께 명확히 말씀드려야죠!"라며 답답해했습니다. 하지만 재호 씨는 "누구 탓하면 뭐해요. 그냥 다음에 제가 더 꼼꼼히 보면 되죠!"라고 답했습니다.

그런데 집에 돌아와서도 자꾸만 그 상황이 반복적으로 떠오릅니다. 그리고 아무 말도 하지 못한 자신에게 화가 납니다.

'그 순간 제대로 설명이라도 했으면 이렇게 억울하지는 않을 텐데…'.

우리 사회는 여전히 감정을 잘 드러내지 않는 사람을 성숙한 사람으로 여깁니다. '프로는 감정을 드러내지 않는다'는 말이 덕목처럼 여겨집니다. 하지만 출근하는 순간 감정이 고장 나는 건 아니며 회사에서 감정을 느끼는 건 이상한 게 아닙니다. 오히려 그것은 감정이 살아 있는 사람, 건강한 감각을 지닌 사람이라는 증거입니다.

진짜 무던함은 감정이 없는 게 아니라 감정을 현명하게 표현하는 힘에서 나옵니다. 감정을 제대로 말할 수 있어야 관계에서도 내 존재를 지킬 수 있습니다. 따라서 괜찮은 척 대신 괜찮지 않음을 말할 수 있는 용기가 필요합니다.

괜찮은 척하지 않고 적절하게 어필하기

첫째, 감정 표현 문장 훈련하기.

처음에는 타인에게 내 감정을 이야기하는 것이 어렵고 어색하게 느껴질 수 있습니다. 그럴 때는 구구절절 긴 설명보다 짧고 명확한 문장으로 시작해 보세요. 감정 표현의 근육을 키우는 훈련 과정이라 생각하면 편합니다. 다음은 연습용으로 좋은 문장들입니다.

"그 말이 조금 걸리네요. 의도가 잘못 전달된 것 같습니다."
"저는 상황이 좀 불편했어요. 잠깐 이야기할 수 있을까요?"
"이 문제에 대해서는 생각을 정리할 시간이 필요해요."

이런 문장들은 감정을 과도하게 터뜨리지 않으면서도 내가 느낀 것을 상대에게 정확하게 알립니다. 문장들을 나만의 말투로 바꿔 실제 대화에서 하나씩 써 보세요.

둘째, 감정 배출 통로 만들기.

감정을 숨기고 억누르기만 하다 보면 예상치 못한 순간에 폭발하게 됩니다. 그래서 내 방식대로 제때 감정을 배출하는 통로를 미리 만들어 두는 것이 좋습니다.

일주일에 하루 정도는 원래 내리는 지하철역에서 두 정거장 미리 내려서 집까지 걸어가며, 이번 주에 내가 느꼈던 가장 강렬한 감정이 떠올랐던 순간을 떠올려 보세요. 마음에 오래 남은 말, 행동, 표정 등을 떠올리고 그때의 감정을 구체적인 단어로 표현하세요. 실망, 불안, 서운함, 모멸감 등 다양한 단어가 떠오를 것입니다. 감정이 떠올랐다면 그 내용을 글로 써 보는 것도 좋습니다. 휴대폰 메모 앱, 다이어리, 혹은 포스트잇에 쓴 후 찢어 버리는 방식도 괜찮아요.

이런 방법들은 부정적인 감정을 쌓아 두지 않고 일상 속에서 조금씩 흘려보내는 습관을 만들어 줍니다. 한번 생긴 감정은 쉽게 사라지지 않지만 강도를 낮추는 방법은 얼마든지 배울 수 있습니다.

셋째, 사소하게라도 피드백하기.
감정을 말한다고 해서 뭔가 거창한 속마음을 보여 주며 대화를 해야 하는 건 아닙니다. 처음부터 무거운 이슈를 꺼내기 부담스럽다면 작은 피드백을 전달하는 것부터 연습하세요.

"아까 회의 도중에 제 이야기를 끊으셔서 조금 당황했어요."
"저는 그런 농담은 좀 불편하더라고요."
"다음에는 그런 점을 배려해주시면 감사하겠습니다."

그때그때 감정을 언어화하는 연습을 해 보는 것만으로도 도움이 됩니다.

넷째, 좋은 결과 기억하기.
우리는 감정을 드러내면 관계가 틀어질까 봐 두려워합니다. 하지만 잘 다듬어진 성숙한 감정 표현은 오히려 관계를 더 탄

탄하게 만듭니다. 감정을 표현했을 때 상대가 내 감정을 온전히 공감해 준 경험을 하나의 작은 성공 사례로 기억하세요.

불편함을 표현한 후 상대방이 내 감정을 이해하고 배려하며 더 가까워진 경험이 있다면 그 순간을 메모해 보세요. 감정을 말한 후 상대가 "솔직하게 말해 줘서 고마워"라고 했다면 그건 감정을 숨기는 것보다 표현하는 것이 훨씬 더 좋은 선택이었다는 증거가 되니까요.

감정을 표현하고 들었던 좋은 피드백들을 수집해 두면 이후에 또 그런 상황이 일어났을 때 용기가 생겨 표현이 쉬워질 것입니다.

 체크 포인트

말하지 못한 감정은 결국 마음 깊은 곳에 남게 됩니다.

나쁜 감정을 해결하면 관계가 넓어진다

서로 싸우거나 뚜렷한 갈등은 없었지만 마주치기만 해도 어딘지 모르게 마음이 불편해지는 사람이 있습니다. 나에게 어떤 치명적인 피해를 준 것도 아닌데 괜히 어색한 느낌이 들죠. 아주 가까운 사이는 아니지만 그렇다고 완전히 모른 척할 수 있는 사람도 아니라 더 애매합니다. 같은 공간에 있는 게 껄끄럽고 협업이라도 해야 할 때면 심리적인 에너지가 더 많이 쓰이는 것 같죠.

이런 미묘한 불편함은 대부분 겉으로 드러나지 않기 때문에 주변에 털어놓기도 어렵습니다. 괜히 나만 예민한 것 같고 '그 정도로 불편할 일은 아닌데 내가 왜 이럴까?' 하는 생각에 스스로를 탓하게 되기도 하죠.

 하지만 감정은 결코 아무 이유가 없는 상태에서 우연히 생기지 않습니다. 사소하고 모호한 순간들이 누적되면 이름을 붙이기 어려웠던 이런 감정들은 어느 순간 분명한 불편함으로 마음에 자리를 잡습니다. 작은 불편들이 반복될수록 감정에 남는 잔상이 짙어지고 결국 일상적인 감정의 반응까지 영향을 미치게 되죠.

 직장 내에는 생각보다 많은 '정리되지 않은 관계'들이 존재합니다. 싫은 사람이라고 표현하기는 약간 애매하고 친하다고 말하기는 어느 정도 분명한 거리감이 느껴지는 관계들. 과거 나눴던 어색한 대화, 제대로 해결되지 않고 모호하게 끝난 말다툼, 사소하지만 반복되며 쌓인 불쾌한 경험들이 정서적으로 축적되며 피로감이 이어집니다. 갈등이 분명하게 드러나 있는 것은 아니기 때문에 서로 조심스러워지기만 하고, 결국 회피하는 방향으로 흘러가게 되죠. 중요한 문제는 해결되지 않은 채 감정만 축적되고 불편함은 갈수록 커지게 됩니다.

 어떤 경우에는 시간이 해결해 줄 것 같아 그냥 두기도 하지만 시간이 지나도 이상하게 감정은 줄어들지 않고 오히려 더 뿌리 깊게 파고드는 경우도 많습니다. 어정쩡한 관계일수록 나의 감정 에너지를 더 많이 잡아먹는다는 걸 감정을 다 소진하고 나서야 깨닫게 되기도 하고요.

사소한 갈등이 깊어질 때,
불편한 말이 마음에 남을 때

정연 씨가 같은 층에 근무하는 타 부서의 선배와 딱히 큰 갈등이 있는 건 아닙니다. 평소 업무적으로 접점이 많았던 것도 아니니까요. 하지만 1년 전 사내 프로젝트에서 그 선배와 의견이 크게 엇갈린 적이 있었습니다.

당시에는 결국 정연 씨의 제안이 반영되지 않았습니다. 그때 선배는 회의 중 "이건 너무 실현 가능성이 떨어져요"라며 정연 씨의 아이디어를 정면으로 반박했습니다. 그 순간 팀원들 앞에서 무안했던 기억이 아직도 생생합니다. 이후에도 선배는 종종 다른 회의에서 "정연 씨네 팀원들이 업무 속도가 느리다"라거나 "편한 부서라 그렇다"라며 험담까지 했습니다.

그러다 보니 마음속에 남은 불편한 감정은 쉽게 사라지지 않았습니다. 그 선배와 마주할 때면 마음이 굳어지는 걸 느꼈죠. 엘리베이터에서 마주치면 서로 인사는 하지만 점심시간에 구내식당에서 마주치면 다른 자리로 피하게 되고 회의실에 함께 있는 것만으로도 체력을 쓰는 느낌이 듭니다. 스스로에게 "신경 쓰지 말자"고 되뇌이지만 막상 선배를 보는 순간 어깨에 힘이 들어가고 표정이 굳어지는 건 어쩔 수 없습니다.

　은호 씨는 6개월 전 회식 자리에서 후배 팀원에게 들은 농담이 아직도 마음에 남아 있습니다. 그날 후배는 은호 씨를 가리키며 "은호 선배는 말은 번지르르한데 알맹이는 없잖아요"라며 웃으며 말했어요. '술에 취했으니까', '농담으로 한 거니까'라고 넘어가려 노력했지만 시간이 지나도 그때 그 장면이 자꾸만 머릿속에 떠오릅니다.
　당시에는 분위기를 무겁게 만들고 싶지 않아 따라 웃었지만 속으로는 당황스러움과 서운함이 뒤섞인 채 묘한 감정이 남았습니다. '지금 내가 기분 나쁘다고 말하면 예민한 선배가 되는 걸까?' 하는 생각에 아무 말도 하지 못했죠.
　그 이후로 그 후배와 단둘이 있는 게 어색해졌습니다. 눈을 마주치면 괜히 불편하고 업무 협조가 필요한 순간에도 먼저 말을 거는 것이 꺼려졌습니다. 말을 걸 타이밍을 몇 번 놓치다 보니 점점 마주칠 일을 만들지 않으려고 하고, 그러다 보니 어색함은 눈덩이처럼 불어났습니다.
　이제는 공식적인 회의 중에도 후배의 말 한마디에 유독 민감하게 반응하고 사소한 말에도 신경이 곤두설 때가 있습니다. 너무 거리를 두는 것처럼 보일까 봐 조심스럽지만 힘든 감정이 느껴지는 건 어쩔 수 없죠.

불편한 관계와 거리를 두는 현명한 방법

관계는 명확한 갈등이 없는 상황에서도 얼마든지 피곤해질 수 있습니다. 어색한 한마디, 무례하게 느껴진 농담, 제대로 마무리되지 못한 대화는 시간이 지나도 정서적 잔상으로 남아 그 사람을 떠올릴 때마다 에너지를 소모하게 만듭니다.

제대로 해결되지 않은 이런 관계는 결국 회피로 이어집니다. 직접적인 언쟁도 없고 불편한 상황이 반복되기 때문에 '이걸 굳이 말해야 하나?' 싶은 생각이 들기 때문이죠.

하지만 문제를 정면으로 마주하지 않고 자꾸 회피하다 보면 일상에서 지속적으로 신경 쓸 일이 생기고 불필요한 감정 노동이 늘어납니다. 회피는 당장은 갈등을 피하게 해 주지만 장기적으로는 감정의 피로를 심화시키는 결과를 가져옵니다. 사라지지 않는 이런 감정들은 어떻게 해결해야 할까요?

첫째, 내 마음 들여다보기.

많은 사람이 그런 마음은 빨리 풀어 버리는 게 좋다고 생각합니다. 하지만 반드시 관계를 회복해야만 감정이 정리되는 것은 아닙니다. 오히려 감정부터 정리한 뒤에 회복 여부를 선택하는 게 맞습니다.

'저 사람이랑 말 안 섞은 지도 오래 됐고, 다시 친해질 생각은 딱히 없어. 하지만 그게 내 하루를 망치게 두고 싶지는 않아.'

그 사람보다 내 감정 상태에 먼저 집중하면 내 마음의 우선순위가 더 높아집니다.

둘째, 일상적 거리 조절하기.

피하려고만 하면 오히려 더 불편해질 수 있습니다. 그렇다고 억지로 친해지려 노력해야 하는 것도 아닙니다. 그러다가 부정적인 감정이 더 악화될 수도 있어요.

이때 일상적인 거리 조절은 '적절한 거리'를 확보하는 데 도움이 됩니다. 예를 들어 공식적 업무 커뮤니케이션은 유지하되 사적 대화는 줄이는 것, 한 공간에 있어야 한다면 창가나 벽 쪽에 자리를 잡아 물리적인 안전거리를 확보하는 것도 작은 전략이 될 수 있습니다.

셋째, 경유식 소통하기.
직접적인 대화가 부담스럽다면 메시지나 이메일을 활용하는 것도 좋습니다.

"혹시 아까 미팅에서 이해되지 않으셨거나 불편하게 느끼신 부분이 있다면 말씀해 주세요."

부담을 주지 않는 간접적인 표현이 관계를 조금씩 풀어 주는 실마리가 될 수 있어요.

넷째, 속마음 드러내기.
불편한 상황이 발생했을 때 한두 번 정도는 묵인할 수도 있습니다. 하지만 계속 반복된다면 짧게라도 내 마음의 상태를 드러내는 게 더 나을 때가 있습니다. 예를 들어 "그 말씀은 조금 당황스러웠어요", "제게는 그 상황이 힘들게 느껴졌어요"처럼 내 감정 상태를 표현하는 거죠. 이렇게 해 두면 다음에 비슷한 상황이 반복되더라도 상대방이 조심하거나 배려할 수 있는 여지가 생깁니다.

다섯째, 감정 찌꺼기 털어 내기.

감정 소모는 처음에는 아주 작게 시작되지만 시간이 흐를수록 서서히 깊고 무거워집니다. 이를 예방하기 위해 일기, 메모, 감정 정리 노트를 통해 주기적으로 털어 내세요. 나를 지치게 만드는 순간들을 정리할 수 있는 나만의 루틴은 쌓인 감정의 무게를 줄이는 데 큰 도움이 됩니다.

 체크 포인트

누구도 감정을 피할 수 없지만 누구나 감정을 풀어낼 수 있습니다.

직장 상사의 기분은 나의 기분이 아니다

커리어를 위해 상사와 잘 지내야 한다는 건 직장인이라면 누구나 알고 있습니다. 하지만 상사의 성향이나 일하는 방식이 나와 너무 다르다면 그 사실만으로도 출근길이 무거워집니다. 하루 중 대부분 시간을 함께 보내며 지시받고 보고하는 사람이 바로 상사이기 때문에 상사와 맞지 않는 관계는 단순한 관계의 불편을 넘어 지속적인 심리적 압박감으로 이어집니다. 업무 자체에서 오는 스트레스는 그렇게 크지 않은데도 말이에요.

상사와 맞지 않는다는 느낌은 매일의 업무 환경 속에서 반복됩니다. 회의 중 내 의견을 존중하지 않는 듯한 태도, 기분 나쁜 피드백, 갑작스러운 지시나 반복되는 변경 사항 등 이런 것들이 반복되다 보면 점점 그 사람 앞에서 위축되고 자신감을 잃게 됩니다.

 직장인들을 대상으로 한 설문 조사에서도 10명 중 7명 이상이 "상사와 일할 때 감정적으로 힘들어진 적이 있다"고 답했습니다. 그중 절반 이상은 '성격 차이와 소통 방식의 불일치'를 주된 이유로 꼽았어요. 상사의 말투, 의사 결정 방식, 피드백 스타일 같은 기본적인 요소들이 내 성향과 끊임없이 충돌하며 일종의 정서적 멀미를 유발하는 거죠.
 이제 막 중간 관리자가 돼서 팀원들과의 수평과 팀장과의 위계를 동시에 경험하는 시기라면 상사와의 충돌은 단순한 업무 갈등을 넘어 존재감과 자존감의 기반을 흔들기도 합니다. 누구나 이런 상황을 견디고 있는 건지, 남들도 나만큼 다들 힘든 건지 고민하다 보면 어느새 감정 소모는 늘어만 갑니다.

내가 상사의 기분까지 맞춰 줘야 하나요?

 선미 씨의 상사는 매우 계획적이며 철두철미한 성향입니다. 보고서에 잘못 쓰인 오타 하나도 명확하게 짚고 넘어가는 스타일이에요. 반면 선미 씨는 발 빠르게 움직이며 아이디어를 찾고 즉시 실행하는 스타일입니다. 일하는 방식이 다르다 보니 선미 씨는 서로 손발이 맞지 않는다는 느낌이 듭니다.

  선미 씨는 상사의 마음에 들도록 본인의 업무 스타일을 최대한 조정하며 맞춰 왔습니다. 하지만 상사로부터 지속적인 부정적 피드백을 듣다 보니 어느 순간 수동적으로 변하는 자신을 발견하게 됐습니다. 가벼운 아이디어라도 제시하려고 하면 "실현 가능성이 떨어진다", "근거도 없는데 시작하는 건 무의미하다" 등 덮어 놓고 비판만 하는 것 같이 들렸거든요.

  무슨 의견을 내도 어차피 다 거절당할 테니 의견을 낼 필요가 더는 없다고 느끼기도 했습니다. 그래서 선미 씨는 상사가 잠깐 이야기 좀 하자고 하면 내용을 듣기 전에 벌써 가슴이 철렁합니다. 상사의 말투, 표정, 단어 선택 하나하나에 민감해지며 업무 자체보다 상사의 업무 스타일을 맞추는 데 시간과 정신을 다 쏟는 느낌이 들죠.

  정민 씨의 상사는 감정을 솔직하게 표현하고 팀을 가족처럼 이끌려는 성향이 강합니다. 업무 중에도 "우리 한 식구니까", "내 사람이라고 생각해서 하는 말이야" 같은 말을 자주 쓰며 관계를 따뜻하고 끈끈하게 유지하려고 하죠. 처음에 이 팀에

왔을 때는 상사가 따뜻한 사람이라 좋았습니다. 하지만 시간이 지나며 정민 씨는 점점 부담감을 느끼기 시작했습니다.

상사는 퇴근 후에도 종종 전화를 걸어 "오늘 회의 때 김 과장 표정이 좀 이상하지 않았어? 어떻게 생각해요?"라며 분위기를 묻고는 합니다. 팀원 사이의 사소한 감정 기류에도 민감하고 때로는 개인사를 과하게 물어볼 때도 많죠. 시간이 지날수록 업무와 무관한 이야기까지 들어 줘야 하고 억지로 비위를 맞춰야 할 때가 많아졌습니다.

도대체 일하러 회사에 온 건지 예민한 상사의 기분을 맞춰 주며 친해지려고 온 건지 모르겠다는 생각도 듭니다. 정민 씨가 조용하기라도 하면 '왜 그래? 무슨 일 있어?' 하며 계속 물어보기도 합니다. 업무적으로 큰 갈등은 없지만 회사에서 보내는 대부분 시간이 업무보다 상사의 감정을 신경 쓰는 시간으로 채워지고 있어요.

지치지 않고 일할 수 있다면

상사와 맞지 않는다는 생각이 든다면 단순한 문제가 아닐

수 있습니다. 상사의 말투, 눈빛, 피드백 내용, 반응 속도 하나하나가 내 리듬과 충돌할 때마다 내가 억눌리는 느낌이 들 테니까요. 문제는 당장 직장이나 부서를 옮길 수도 없고 상사의 방식이 하루아침에 바뀔 수도 없다는 점입니다.

이런 상황에서 가장 효과적인 방법은 감정을 그때그때 처리하는 습관을 만드는 것입니다. 내가 딱히 부족하고 잘못해서 그런 게 아니라 그저 스타일이 서로 달라서 그럴 수 있다는 걸 인식하는 것도 중요합니다. 그 후에 본격적으로 정서적 거리두기, 커뮤니케이션 방식 조정 등 실제적인 해결 방법을 찾아보세요.

서로가 덜 힘들어지도록 현명하게 일하는 법

첫째, 한 번의 피드백으로 받아들이기.

누구와 일을 하든 그렇지만 상사와 함께할 때는 더욱 적절한 감정 해결 방법이 필요합니다. 업무 스타일이 다를수록 부하 직원이 더 감정적으로 힘들 확률이 높기 때문입니다.

예를 들어 상사의 피드백이 직설적일 경우 '날 안 좋게 생각하나?', '왜 나만 매번 지적하지?' 같은 생각이 들 수 있어요. 이럴 때는 피드백을 평가로 받아들이지 말고 데이터로 받아들이는 훈련이 필요합니다. "우리 팀장은 원래 말투가 저런 편이잖아. 그리고 이건 나 자체에 대한 평가가 아니라 이번 보고서에 한정된 피드백일 뿐이야" 하고요. 정서적 거리 두기는 관계를 단절하는 것이 아니라 나의 마음을 보호하는 조치입니다.

둘째, 상사의 업무 방식 이해하기.

상사 역시 나와 같은 사람입니다. 일을 할 때는 누구나 본인이 지금껏 해 왔고 손에 익은 방식을 무의식적으로 선호하게 되죠.

따라서 내가 일하는 방식이나 보고서 작성 방식 등에 대해 상사가 불편한 기색을 비친다면 이는 내용이 아니라 그 방식 자체가 상사에게 익숙하지 않기 때문일 수도 있어요. 상사와 내가 일하는 방식 사이의 차이를 살피고 조율할 수 있는 부분을 찾아보세요.

셋째, 상사 성향별 맞춤 전략 세우기.

상사의 반응을 미리 예측하고 이에 따라 말과 행동을 조정해 보는 건 감정 소모를 줄이는 좋은 방법이에요. 상사의 유형은 크게 세 가지로 정리할 수 있습니다.

- 계획형 상사.

보고 전에 문서 초안을 미리 피드백 받기.

- 감정형 상사.

회의 전후 안부를 묻고 빠르게 상황 파악하기.

- 성과형 상사.

구체적인 계획을 포함한 데이터 위주의 보고서 작성하기.

단순히 상사의 눈치를 보라는 게 아닙니다. 상사의 성향을 감안하며 노력하다 보면 나름의 노하우가 생기게 됩니다.

넷째, 5분 감정 리셋하기.

회의나 상사와의 1:1 면담 이후 감정의 찌꺼기가 남은 것 같다면 그 순간을 방치하지 마세요. 작은 감정들이 쌓여 정서적 피로가 되고 어느 순간 '확 이직해 버릴까?' 하는 생각으로 번지기도 하니까요.

회의가 끝난 후 조용한 장소에서 5분 정도 감정을 정리해 보세요.

- 오늘 내가 느낀 감정은?

찝찝함, 억울함, 무기력함.

- 그 감정을 내 방식으로 풀 수 있는 방법은?

친구에게 털어놓기, 일기 쓰기, 잠시 산책하기.

   회사 사람들은 때로는 가족이나 연인보다도 자주 보는 일상적인 관계이기 때문에 감정을 비우는 습관이 꼭 필요합니다. 상사의 피드백과 성향을 이해하고 상황에 맞게 대응하면 불필요한 감정 소모를 줄일 수 있습니다.

   감정을 쌓아 두지 말고 짧게라도 정리하는 습관을 들이면 관계가 훨씬 가벼워집니다. 결국 중요한 것은 상사와의 관계보다 나의 마음을 지키는 힘을 기르는 것입니다.

 **체크 포인트**

남을 바꿀 수는 없지만 내 반응은 바꿀 수 있습니다.

혼자가 편한 사람을 위한 질문들

○ 나는 요즘 직장에서 일보다 사람에게 더 피로를 크게 느끼고 있지는 않은가?

○ '괜찮다'는 말 뒤에 내 감정을 자주 숨기고 있지는 않나?

○ 내 말이 옳다는 것에만 집중하지 않고, 상대에게 어떻게 다가갈지도 돌아보고 있나?

○ 나는 불편한 관계를 그냥 모른 척 두는 건 아닐까?

○ 나는 여전히 관계를 의무처럼 느끼고 있는 건 아닐까?

○ 나만의 속도와 거리를 지키기 위해 평소 어떤 말과 행동을 연습할 수 있을까?

○ 나는 내 감정을 지키기 위해 어디서부터 내려놓아야 할지 분명히 하고 있을까?

○ 그 결과 내 안에 말하지 못한 감정이 점점 쌓이고 있나?

○ 솔직함을 부드럽게 전하기 위해 나는 어떤 표현을 연습할 필요가 있을까?

○ 불편함을 풀기 위해 내 감정을 먼저 들여다본 적이 있나?

5장

혼자인 순간은 나를 만나는 시간이다

감정을 회복하는 자기 돌봄 방법

남에게 지쳐서
나에게 잘하지 못하는 사람에게

많은 사람이 남에게는 다정하면서도 정작 자신에게는 유난히 냉정합니다. 혼자 있는 시간이 오히려 자기 비난으로 채워질 때가 많아요. 밤에 누워 '왜 그랬을까' 하며 나를 끝없이 탓한다면 그건 단순한 성찰이 아니라 스스로를 깎아내리는 일입니다.

우리는 스스로에게 가혹할 때가 많습니다. 직장에서 업무 실수를 한 동료에게는 "그럴 수도 있지"라고 따뜻한 위로를 건네면서도 막상 내가 실수를 저지르면 대번 독해집니다. 그래서 잘못한 나 자신을 밤새도록 질책하고는 합니다. 나 자신에게만 유난히 빡빡하고 냉정한 잣대를 들이대는 거죠.

일을 잘 해내거나 좋은 결과를 얻으면 자신을 자랑스러워하거나 대견하게 느끼기는커녕 '이 정도는 당연한 거야'라며 대수롭지 않게 넘어갑니다.

그래서인지 살면서 나에게 가장 많은 꾸중을 듣는 사람은 어느덧 '나 자신'이 돼 버리고 맙니다. 가장 최근에 나에게 다정한 말을 한 게 언제인가요? 아마 쉽게 기억이 나지 않을 것입니다.

회사, 집, 그리고 사람들 속에서 나는 항상 더 잘해야 하고, 더 참아야 하고, 더 책임져야 한다고 되뇌었습니다. 누군가를 실망하게 해서는 안 된다는 생각과 늘 책임감 있는 모습을 보여야 한다는 믿음이 어느새 삶의 신조가 돼 버렸습니다. 나는 왜 나에게만 이렇게 가혹할까요? 앞으로 삶도 이렇게 살아가는 게 정말 맞는 걸까요?

요즘은 사람들과 대화하다 보면 '갈아 넣는다'라는 말을 쉽게 들을 수 있습니다. 예를 들어 "이번 프로젝트에 나를 갈아 넣었어", "내 체력과 시간을 갈아 넣었는데도 티가 안 나네"라는 식입니다. 그리고 직장인들 사이에서는 자신을 스스로 몰아붙이는 것을 우스갯소리로 '내적 가스라이팅(자기 세뇌)'이라고 부르기도 합니다. 외부로부터의 압박이 아니라 스스로 만들어 낸 강박이 삶을 지배하고 있다는 뜻이죠.

물론 더 열심히 살고, 더 성과를 내고 싶은 마음은 누구에게나 있습니다. 그런 이유로 자신에게 긍정적인 최면을 거는 것도 마냥 나쁜 일은 아닙니다. 하지만 '자기 비난 중독'이라는 심리 용어가 있을 정도로 자신을 못살게 구는 사람들이 많은 현실입니다.

왜 나는 인정받아도 기쁘지 않을까?

재형 씨는 본인의 실수가 견디기 어렵습니다. 작은 일정 하나만 틀어져도 '왜 이렇게 준비가 부족했지?', '애초에 확인을 더 해야 했어'라며 자신을 몰아붙이고는 하죠. 실수에 대한 자책은 하루 종일 마음을 무겁게 만듭니다. 친한 친구들과 가족들은 이런 재형 씨를 안타까워합니다. "넌 왜 그렇게 너한테만 엄격해?"라는 질문을 듣는 것도 한두 번이 아니죠.

그러나 이런 재형 씨는 남들에게는 상당히 너그럽습니다. 프로젝트 진행 중 후배가 실수를 해도 "다음에는 더 잘하면 되지"라며 따뜻한 선배의 모습으로 후배를 다독입니다. 그런데 정작 본인에게는 그런 따뜻한 말 한마디를 도통 허락하지 못합니다.

'내가 실수하면 누군가 피해를 입겠지', '마땅히 내가 해야 할 일들을 빠뜨린 건 내 잘못이야' 하는 생각들이 머릿속을 떠나지 않고 맴돕니다. 잠시라도 긴장을 놓으면 실수할까 봐 늘 편하게 쉬지 못하고 그 실수 하나가 자신을 실패의 늪으로 빠뜨리는 시발점이 될 것 같은 두려움에 시달립니다.

재형 씨는 과도한 기준으로 자신을 통제하고 밀어붙입니다. 누가 봐도 책임감 있는 사람이지만 그 속에는 늘 지친 마음이 웅크리고 있는 것이죠.

우진 씨는 재무 관리자로 일하고 있습니다. 업무의 특성상 일이 정신없이 몰아칠 때는 정시 퇴근 없이 일했습니다. 최근에는 회사에서 핵심 인재로 선발되며 포상휴가도 받았죠.

하지만 정작 우진 씨는 별로 기쁘지가 않습니다. 자신이 딱히 자랑스럽다는 생각도 안 들고요. 성실하게 살아온 건 분명하지만 성과를 인정받을 때면 왠지 모르게 부당한 대접을 받는 느낌이 들기 때문입니다. 나와 맞지 않는 옷을 입은 것처럼 불편하기만 합니다. 그래서 포상 휴가도 후배에게 양보하고 누군가 칭찬이라도 하면 "에이, 팀원들 덕분이죠"라는 말로 겸손을 표현합니다.

회사에서는 우진 씨를 믿을 만한 사람으로 평가하지만 정작 우진 씨는 스스로는 자기 자신을 신뢰하지 못하고 칭찬받을 자격도 없다고 느껴요.

우진 씨는 입버릇처럼 "운이 좋았어요", "시키는 대로 했을 뿐이지 내가 잘한 건 아니니까요"라고 말합니다. 좋은 일이 생겨 기뻐서 웃다가도 '이건 어쩌다 잘된 거야'라는 말이 머릿속을 스쳐 지나가는 순간 환한 미소가 곧바로 사라집니다.

타인의 기준에 맞췄다면
이제 나의 기준에 맞춰라

많은 사람이 혼자 있으면 자신을 더 잘 돌볼 수 있을 거라 생각합니다. 하지만 자기 비난이 습관이 된 이들에게 혼자 있는 시간은 오히려 더 가혹하게 다가옵니다. 오롯이 나 자신을 마주해야 하니, 날카로운 말들이 그때 쏟아지기 때문이죠. 그래서 정말 중요한 건 '혼자 있는 시간' 그 자체가 아니라 그때 내가 나에게 건네는 말입니다.

왜 우리는 자기 자신을 좀 더 사랑하고 포용하지 못하는 걸까요? 남에게는 그토록 너그러우면서 자신에게는 혹독한 잣대를 들이대고, 실수를 용서하지 않고, 끊임없이 못살게 구는 걸까요?

이런 성향을 가진 사람 대부분은 자신을 통제하는 힘이 강합니다. 외부 평가에 휘둘리지 않기 위해 오히려 더 철저한 자기만의 감시 체계를 만드는 것이죠.

하지만 문제는 그 방식이 나를 지켜 주는 것이 아니라 서서히 지치게 만들고 결국에는 자존감의 회복 기능까지 뺏는다는 점입니다. 나에게 다정하지 못한 사람은 타인과의 관계 속에서도 만족을 느끼기가 매우 어렵습니다.

자기 감시가 습관이 된 사람은 자신이 세운 기준과 타인이 내게 기대하는 기준을 자주 혼동합니다. 예를 들어 '나는 늘 실수 없이 완벽해야 해'라고 여기는 기준은 내 기준이 아니라 누군가의 기대나 눈치가 반영된 것일 수 있습니다. 이럴 때는 이런 질문을 자신에게 던져 보세요.

"이건 진짜 내가 원하는 기준일까?"
"다른 사람의 기대에 맞추려는 건 아닐까?"
"내가 이 기준을 지키지 않으면 어떤 일이 생길까?"

질문에 답하다 보면 내가 나에게 요구하는 과도한 잣대 중 일부는 타인의 시선을 의식해 내가 만들어 낸 타인의 기준이라는 걸 깨닫게 됩니다. 실수했을 때 떠오르는 말이 "도대체 왜 그랬지?", "난 왜 이렇게 멍청할까?" 같은 문장이라면 그건 이미 자기 비난이 자동화됐다는 의미입니다. 이런 무의식적인 습관을 바꾸려면 새로운 스크립트를 만들어야 합니다.

"실수는 누구나 해. 반복하지만 말자."
"내가 부족해서가 아니야. 아직 배우는 중이니까."
"혼자 다 책임질 필요는 없어."

눈에 잘 보이는 곳에 이런 문장들을 적어 두고 실수할 때마다 천천히 반복해서 읽어 보세요. 감정은 생기는 순간 말로 나오기도 하지만 반대로 말이 특정한 감정을 이끌어 내기도 합니다. 내 입에서 나온 말이 나의 감정을 회복시킬 수 있는 것이죠.

잘한 일을 기록하는 것도 좋습니다. 자기 감시를 자주 하는 사람일수록 자기 인정에는 인색하기 때문입니다. 그래서 일부러 흔적을 남겨 둬야 합니다. 매일 하루가 끝날 때 다음 질문에 대해 답을 적어 보세요.

- 오늘 내가 잘한 일 한 가지.
회의 전에 자료를 미리 철저하게 정리해 둬서 갑작스러운 질문에 말문이 막히지 않았다.

- 오늘 내가 애쓴 상황 한 가지.
컨디션이 안 좋은 와중에도 팀원의 부탁을 들어줬다.

이런 소소한 기록들이 쌓일수록 자존감도 함께 높아집니다. 나를 지지하고 응원하는 횟수가 많아질수록 '나는 괜찮은 사람'이라는 믿음이 생겨요. 이런 루틴을 매일 지속해 주세요. 하루 중 가장 조용한 시간, 혼자 있는 그 고요한 순간에 나에게 말을 걸며 시작해 보세요.

혼자 있는 시간은 나를 깎아내리는 시간이 아니라 나를 회복시키는 말을 배우는 시간이 돼야 합니다. 그런 시간이 천천히 쌓이다 보면 나를 위한 심리적 면역력을 천천히 키울 수 있을 것입니다. 결국 혼자 있는 순간은 스스로를 더 단단하게 만드는 가장 중요한 연습 시간입니다.

 체크 포인트

나에게 온전히 따뜻한 사람이 남에게도 따뜻할 수 있습니다.

나는 혼자 있을 때 어떤 생각을 하나?

힘들게 일하고 퇴근하는 어느 날 지하철 유리에 비친 내 모습이 문득 낯설게 느껴집니다. '왜 이렇게 지쳐 보이지?', '왜 저렇게 별로일까?' 하는 부정적인 감정을 참지 못하고 고개를 돌립니다. 갑작스럽게 마주한 내가 너무 마음에 들지 않았기 때문입니다.

혼자 있는 순간, 비로소 나는 나와 마주하게 됩니다. 사람들과 어울릴 땐 괜찮았던 일들이 집에 돌아와 조용해지면 다시 떠오르기 시작합니다. 말하지 않아도 머릿속은 시끄럽고, 아무도 없는데 마음은 어지럽습니다.

살다 보면 자신이 못마땅하게 느껴지는 순간들이 불쑥불쑥 찾아옵니다. 그때 회의에서 뱉은 사소한 말 한마디, 표정 관리를 하지 못했던 어색한 얼굴, 순간 당황해서 나온 어설픈 대응 하나하나까지 자꾸 신경이 쓰입니다. 그래서 하루에도 몇 번씩 혼잣말처럼 자조가 터져 나옵니다. "나는 진짜 왜 이러지?", "내가 너무 싫다…", "나는 왜 이 모양일까?" 하고 말이죠.

이런 감정 상태를 심리학에서는 자기혐오라고 부릅니다. 완벽하지 못한 나에 대한 좌절, 기대에 미치지 못한 부끄러움, 그런 감정들이 모여 쌓인 실망감이 복합적으로 얽혀 있는 상태인 것이죠.

특히 이상적인 나와 현실의 나 사이 간극이 클수록 이런 감정이 쉽게, 또 자주 발생합니다. '나는 이래야만 해'라는 기대에 비해 지금의 내가 한참 못 미친다고 느껴질 때 지금의 나는 결함 덩어리처럼 보입니다. 결국 내가 나를 미워하게 되는 것이죠.

중요한 건 나를 미워하는 마음은 단순한 무력감과는 다르다는 점입니다. 부정적인 감정의 밑바닥에는 '나는 자격이 없다'는 자격지심과 도덕적 결핍감 등이 깔려 있습니다. 자기혐오는 자기 비난에서 출발하지만, 시간이 지나고 감정이 축적될

수록 자기 부정과 자기 포기로 번집니다.

  내가 나를 받아들이지 못하면 세상 어디에서도 편안하게 살 수 없습니다. 풍경이 멋진 곳에 가도, 맛있는 음식을 먹어도, 좋은 사람들과 함께 있어도 행복하지 않은 이유는 늘 내가 싫어하는 나 자신과 함께 있기 때문입니다.

  그래서 혼자 있는 시간에 더 자주 자신을 미워하기 쉽습니다. 누구도 뭐라 말하지 않았는데 끊임없이 내가 나를 몰아붙입니다. "왜 그랬어?", "넌 왜 항상 이 모양이야?" 하고요. 겉으로는 멀쩡해 보여도 혼자 있을 때는 자신을 깎아내립니다.

  결국 혼자라는 건 곁에 사람이 없다는 뜻이 아닙니다. 남과 떨어져 있다는 말이자 나와 함께한다는 말이죠. 그래서 어떤 상태의 나와 함께하는지가 더욱 중요합니다.

사람들 앞에서의 나, 혼자 있을 때의 나

  도윤 씨는 외향적이고 친화력 넘치는 성격의 소유자입니다. 직장에서도, 친구 사이에서도 분위기 메이커로 통합니다. 사람들 사이에서 늘 중심이 되죠. 주변 사람들은 "도윤 씨가 있으면 분위기가 확 살아난다"라는 말을 자주 합니다. 회의 중에도 분위기를 부드럽게 만들고 회식 자리에서는 늘 활기차게 사람들을 챙깁니다.

그런데 혼자 있을 때 도윤 씨는 완전히 다른 사람이 됩니다. 사람들을 만나고 난 뒤에는 조용한 방 안에서 자책을 합니다. 머릿속에서 당시 장면을 되감기 하듯 곱씹습니다.

"그냥 조용히 있을 걸 그랬나?"
"그때 왜 그렇게 말했을까? 너무 과했던 것 같은데…."

혼자 있는 시간이 길어질수록 내 모습은 진짜가 아닌 것처럼 느껴집니다. 사람들 앞에서 보였던 쾌활한 모습은 가면을 쓴 것 같아 찝찝합니다. 겉으로는 자신감 있는 사람처럼 보이지만 혼자 있으면 자신이 초라하고 가식적인 사람 같습니다. 나를 좋아하지 못하는 마음이 자꾸만 고개를 듭니다.

은주 씨는 평소에 차분하고 참을성이 강합니다. 감정 표현이 크지 않고 늘 침착한 태도를 유지하려 노력하죠. 팀원들 사이에서도 신중하고 안정적인 사람으로 통합니다. 하지만 일이 몰리고 피로가 쌓이면 평정심은 생각보다 쉽게 무너집니다.

며칠 전 후배가 작성해 온 자료를 보다가 본인도 모르게 언성이 높아졌습니다.

"이거 지난번에도 지적했잖아. 아직 안 고친 거야?"

생각보다 큰 소리가 나오자 은주 씨와 후배 모두 당황했습니다. 후배의 굳은 표정을 보는 순간 후회가 밀려왔습니다. 그날 이후 은주 씨는 자꾸 그 장면이 머릿속을 맴돕니다.

'내가 너무 꽉 막힌 선배처럼 보였을까?'
'너무 민망해. 왜 그렇게 감정적으로 반응했을까….'

후배가 나를 어떻게 생각했을지, 다른 사람들도 그 상황을 봤을지, 오만가지 생각이 계속 떠올랐습니다. 한 번의 실수였지만 은주 씨에게는 마음의 짐으로 남았습니다. 가끔은 혼자 있는 시간에도 그날의 말투와 목소리를 떠올리며 자신을 탓하고는 합니다. 화를 참지 못한 자신이 너무나 못마땅하고 창피합니다. 다시 후배와 웃으면서 지낼 수 있을까 걱정도 됩니다.
이런 자기혐오는 금방 사라지지 않습니다. 하지만 나를 있는 그대로 바라보는 연습이 쌓이면 점점 나를 미워하는 시간은 짧아지고 다정하게 대하는 순간이 늘어납니다. 물론 '이런 나라도 충분히 괜찮다'는 감정은 하루아침에 찾아오지는 않습니다. 천천히, 조금씩, 의식적으로 방향을 틀 때 가능합니다. 언제나 나와 함께 있는 사람은 나 자신입니다. 따라서 그 관계를 회복하는 일은 곧 인생의 중심을 다시 세우는 과정과도 같습니다.

자기혐오에서 빠져나오는 네 가지 실천법

첫째, 감정 쪼개기.

나 자신이 싫다는 느낌은 실제로는 아주 다양한 감정이 뭉쳐진 상태입니다. 부정적인 감정들이 모여 혐오라는 커다란 하나의 덩어리가 된 것이죠.

감정들을 쪼개 구체화하면 뭉뚱그려진 자기혐오가 어느 정도 이해 가능한 단위로 나뉩니다. 그렇게 우리는 회복의 실마리를 찾을 수 있습니다. 무의식적으로 뱉던 문장들을 다음과 같이 바꿔 보세요.

"내가 너무 싫다." → "그날 너무 민망했어."

"난 구제불능이야." → "아까 감정 조절을 못해서 아쉽다."

둘째, 감정 일기 쓰기.

매일 저녁 작은 노트나 휴대폰 메모장에 메모해 보세요. 오늘 내가 싫었던 순간, 그 순간에 들었던 감정과 생각, 같은 생각이 반복될 때 내가 하고 싶은 말과 행동 등 다양한 감정을 기록할 수 있을 것입니다.

분량이 짧아도 괜찮습니다. 중요한 건 어떤 감정이든 글로 적어 표현하는 순간 객관화된다는 것입니다. 차근차근 감정을 정리하는 과정만으로도 자기혐오는 서서히 힘을 잃기 시작합니다. 감정 일기를 꾸준히 쓰다 보면 나 자신이 점점 더 나아지고 개선되고 있다는 느낌을 받을 것입니다.

셋째, 나를 기준으로 삼기.

타인과 나를 비교할수록 자기혐오는 더 심해집니다. 우리는 그 누구와도 비교될 수 없는 고유한 존재입니다. 비교를 멈추기 위해서는 기준을 외부가 아니라 나에게 두겠다 결심해야 합니다.

"나는 나의 속도에 맞게 살아가고 있어."
"나는 어제보다 1퍼센트라도 나아지려고 애쓰고 있어."

뇌에게 특정 메시지를 반복적으로 주입함으로써 사고방식과 행동을 바꾸는 자기 암시는 생각보다 효과가 큽니다. 반복과 믿음이 뇌의 신경 회로에 영향을 주는 것이죠.

넷째, 그날의 나를 다르게 바라보기.
우리는 때로 과거의 그날을 떠올리며 자신을 끝없이 탓합니다. 하지만 관점을 바꿔 보면 그날의 나도 나름의 이유를 가지고 최선을 다했을 게 분명합니다. 그러니 스스로를 위해 변호를 할 필요도 있습니다.

"그날 나는 할 수 있는 만큼 최선을 다한 거야."
"완벽하진 않았지만 적어도 감정을 조절하려고 노력했어."
"그냥 인간적인 모습을 보인 것뿐이야."

이는 실수를 정당화하는 게 아니라 나를 더는 과거에 가두지 않으려는 노력입니다. "그때 그 말이 너무 별로였어"가 "그때의 나는 힘들었구나'로 바뀌는 순간 자기 질책을 멈추고 자기 이해로 넘어가는 연결 고리가 생깁니다.

혼자가 편한 사람에게 가장 중요한 동반자는 다른 누구도 아닌 자기 자신입니다. 나를 누구와도 비교하지 않고, 꾸짖지 않고, 괜찮다고 말해 줄 수 있는 존재는 타인이 아니라 바로 나여야 합니다.

혼자 있는 시간이 불편하지 않고 혼자인 나를 미워하지 않게 될 때 비로소 제대로 된 관계의 출발점에 서게 됩니다. 그렇게 나와의 관계가 단단해지면 세상과 조화롭게 지낼 수 있습니다.

 체크 포인트

내가 내 편이 아니면 누구도 내 편이 돼 주지 않습니다.

혼자가 편한 것과 쉬는 것은 다르다

일을 마치고 집에 돌아온 저녁, 소파에 앉았는데 여전히 마음이 편하지 않습니다. 이제 하루가 끝났다고 느껴야 할 시간인데도 어쩐지 마음 한편이 조급합니다. 퇴근하고 집에 와서도 해야 할 일이 남아 있을 것만 같고, 이대로 어영부영 시간을 흘려보내는 게 불안하게 느껴지죠.

몸은 분명히 피곤하고 지쳐 있지만 막상 쉬려 하면 마음이 가만있지 않습니다. 그냥 누워 있기만 해도 괜히 찜찜합니다. 차라리 노트북을 열어 메일함을 다시 한 번 확인하거나 내일 일정을 점검하기라도 해야 마음이 놓입니다.

혼자 있는 시간이 편한 사람일수록 이상하게도 그 순간을 온전히 쉬지 못하고 자꾸 무언가 생산적인 일을 하려 합니다. 혼자 있는 건 괜찮아도 가만히 있는 건 어색한 거죠. 사람들과 떨어져 있는 건 익숙해도 막상 아무것도 하지 않는 시간에는 괜히 초조해집니다. 그래서 쉬는 것도 연습이 필요해요.

아무것도 하지 않는 시간이 낭비처럼 여겨지고 지금 이 순간에도 '뭔가 생산적인 일을 해야 하지 않나' 하는 생각이 머리를 떠나지 않습니다. 쉬는 것도 괜찮다고 자신을 다독여 보지만 여전히 뭔가 해야 한다는 강박이 꿈틀거립니다.

이런 유형의 사람들은 생각보다 주변에 많습니다. 오랜 시간 누군가의 부모, 배우자, 팀장, 리더로 살아오며 긴장과 책임에 익숙해진 탓입니다. 그래서 아무것도 하지 않는 시간이 오히려 어색하고 불편하게 느껴지는 겁니다. 이렇게까지 해야 하나 싶다가도 지금 안 하면 나중에 더 힘들어질 것 같은 불안에 떠밀려 결국 또 뭔가를 하게 됩니다. 분명 쉴 자격이 있는데도 나를 계속 몰아세우는 것이죠.

우리는 어릴 때부터 '열심히 사는 것이 미덕'이라는 말을 듣고 자라왔습니다. 빈둥거리면 안 되고, 시간을 허투루 쓰면 안 되고, 생산성 있는 사람이어야 한다는 메시지가 자연스럽게 내면 깊은 곳에 박혀 있습니다. 그래서 쉴 수 있는 조건이 마련돼도 마음 편하게 휴식을 취하기가 어렵습니다. 차라리 뭔가를 하고 있는 게 더 마음이 편한 아이러니한 상태에 익숙해 졌습니다.

몸은 쉬지만 마음은 쉬지 못하는 사람들

하영 씨는 평일에는 직장에서 열심히 일하는 워킹맘, 주말에는 살뜰히 살림하는 엄마입니다. 일에 치이고 아이를 돌보느라 늘 피곤하지만 마음은 늘 불안합니다. 몸은 쉬고 싶다고 말하지만 막상 쉬면 게을러진 것 같습니다. 뭔가 놓치고 있는 기분도 듭니다. 쉬는 시간조차 아이들 학교, 학원 스케줄을 확인하거나 다음 주 업무 준비를 합니다.

최근에는 주말에도 알람을 맞춰 놓고 일어나는 게 습관이 됐습니다. 늦잠이라도 자 볼까 싶어도 아침 8시쯤 되면 스스로 눈이 떠집니다. 그냥 누워 있기에는 머릿속이 복잡하기 때문입니다. '아침밥은 뭐 하지', '애 학원 준비는 다 됐나?', '이불 빨래는 얼마나 쌓였나…' 하고 이런저런 생각들이 줄줄이 떠오릅니다. 그러다 보면 어느새 부엌을 서성이거나 책상 앞에 앉아 있는 자신을 발견하고는 합니다.

하영 씨 자신도 이런 게 문제라는 걸 어렴풋이 알고 있습니다. 하지만 몸은 여전히 멈추지를 못하죠. "이번 주말에는 정말 아무것도 하지 않고 쉬어야지"라는 다짐도 결국 마트 장보기나 서랍 정리로 바뀌고 맙니다. 일찍 일어나서 부지런히 움직이며 집안일하는 것 자체가 나쁜 것이 아닙니다. 문제는 그러지 않고는 못 배기겠는 불안한 마음입니다.

스타트업의 팀장인 성민 씨는 성과 중심의 회사 문화 속에서 하루에도 수십 번씩 해야 할 일을 점검합니다. 일을 마치고 집에 돌아와도 불 꺼진 방 안에서 다음 날의 업무가 머릿속을 채웁니다. 일이 손에서 떨어지는 순간이 거의 없습니다. 오랜만에 친구들과 만나 술잔을 기울일 때도 대화 중간에 슬그머니 사내 메신저를 켜거나 집에 돌아와 '자기 전에 잠깐만 살펴보자'며 컴퓨터의 전원을 키는 날이 많습니다. 마치 업무와 나 사이에 보이지 않는 줄이 늘 연결돼 있는 느낌이죠.

그러다가 상민 씨는 지난 주에 오랜만에 휴가를 떠났습니다. 휴가 중 연락 올 일이 없게 업무도 미리 잘 마무리했고 팀원들에게도 양해를 충분히 구했죠. 그런데 막상 여행지에 도착하니 자꾸만 메일에 손이 가고 잠시 중단한 일들이 머릿속에 떠올랐습니다. 아무것도 하지 않아도 된다는 사실이 오히려 불안하게 느껴졌습니다. '지금쯤 무슨 문제가 생긴 건 아닐까?', '내가 지시한 업무를 혹시 부하 직원이 놓치지는 않았을까?' 하는 생각이 스칠 때마다 반사적으로 업무 메일함을 살펴보게 됩니다. 자리를 비워도 큰 문제가 없을 거라며 자신을 달래 봐도 회사에서 진행되고 있을 일들이 내내 궁금합니다.

한편 업무 채팅방에 들어가 별 이슈가 없는 걸 확인하면 안심이 되면서도 왠지 내가 필요 없는 사람처럼 느껴져 묘한 상실감이 들기도 했습니다. 상민 씨는 돌아오는 비행기 안에서도 이번 주 보고서 정리는 어떻게 되고 있을까를 생각하며 내내 목차를 메모했습니다.

그렇게 상민 씨는 휴가를 다녀왔지만 몸만 회사에 없었을 뿐 머릿속에서는 계속 일을 했다는 생각이 듭니다. 쉬어도 쉰 것 같지가 않은 거죠.

마음 놓고 쉴 수 있는 조건이 갖춰졌는데도 오히려 더 불안해지고 아무것도 하지 않으면 죄책감이 생기는 사람들이 있습니다. 몸은 분명히 지쳐 있는데 마음은 계속해서 뭔가를 하라고 본인이 본인을 다그치죠.

혼자 있는 건 괜찮은데 아무것도 하지 않으면 이상하게 불안해집니다. 그 마음은 너무 오래 멈추지 않고 달려온 습관에서 비롯된 경우가 많습니다. 아무것도 안 해도 괜찮다는 걸 머리로는 알지만 마음은 쉽게 허락하지 않죠.

그래서 휴식도 연습이 필요합니다. 그냥 쉬는 연습, 죄책감 없이 멈추는 연습, 아무것도 하지 않는 시간을 견디는 연습 말이죠. 이런 연습이 쌓일수록 혼자인 시간은 더 편안해지고 관계 안에서도 나를 잃지 않게 됩니다.

우리는 열심히 사는 삶이 가치 있는 삶이라는 말을 오랫동안 들어왔습니다. 그러다 보니 멈추는 순간조차 나를 점검하거나 더 잘 쉬기 위한 생산적인 휴식이 돼야 안심이 됩니다.

누군가에게는 사람과 어울리는 일이, 또 누군가에게는 아무것도 하지 않는 시간이 더 어렵게 느껴집니다. 혼자가 익숙한 사람에게는 관계가 낯설고, 항상 바쁘게 움직이던 사람에게는 쉼이 낯선 법이죠.

어쩌면 이 글을 읽는 당신은 두 가지 모두에 해당할지도 모릅니다. 혼자 있는 건 편한데 아무것도 하지 않는 건 불편한 마음. 지금 필요한 건 '관계 연습'과 더불어 '쉼 연습'일지도 모르겠습니다.

이런 감정은 결코 나만의 문제가 아닙니다. 우리는 너무 오랫동안 '멈추면 안 된다'는 마음으로 살아왔고, 그게 몸에 익숙해졌습니다. 그래서 진짜 쉴 수 있는 상황이 돼도 마음이 먼저 긴장을 풀지 못하는 거죠. 이제는 몸뿐 아니라 마음까지 쉬게 해 주는 연습이 필요합니다. 아래 네 가지 방법은 그 연습을 돕는 도구가 될 것입니다.

**혼자가 정말 편안해지는
구체적인 방법**

첫째, '해야 한다'는 생각을 적기.

휴식 시간이 되면 자동으로 떠오르는 생각들이 있나요? '이 시간에 빨래라도 돌려야 하지', '메일이라도 확인해야 하는 거 아냐?' 같은 생각들요. 이럴 때는 바로 행동하지 말고 그 생각을 공책이나 메모지에 한 번 적어 보세요. 해야 할 것 같은 일들을 눈으로 정리해서 확인하면 그 생각에 무작정 끌려가기 전에 상황을 객관적으로 바라볼 수 있는 시간을 벌게 됩니다.

종이에 지금 해야 할 것 같은 행동, 그 행동을 해야 한다고 느끼는 이유를 간단히 써 보세요. 휴식을 위한 생각 바꿈 문장까지 완성하면 더 좋습니다.

- 생각: 냉장고 정리를 해야 할 것 같다.
- 이유: 매주 토요일마다 하던 루틴이기 때문이다.

- 바꿈 문장: 오늘은 몸이 피곤하니 다음 주에 몰아서 하자.

이렇게 문장으로 적는 행위 자체가 무의식적 불안을 눈앞에 꺼내 다루는 전환점이 됩니다.

둘째, 휴식 규칙 만들기.
막연한 휴식은 자칫하면 불안감을 키웁니다. 그리 대단하지 않더라도 나만의 작은 규칙을 정해 두면 휴식 역시 일정의 일부로 인식됩니다. '주말 오전 10시 전에는 아무것도 하지 않기', '커피 한 잔 마시는 20분 동안은 핸드폰이나 노트북 보지 않기' 같은 휴식 규칙은 우리의 인식을 바꾸며 해야 할 일에서 오는 압박을 줄여 줍니다.

규칙을 정할 때는 생산성이 중심이 되면 안 됩니다. '무언가를 하겠다'가 아니라 '아무것도 하지 않아도 되는' 시간을 정하는 게 목적이니까요.

셋째, 계획 안에 '휴식 일정' 넣기.
우리는 대부분 일정표에 '해야 할 일'의 목록만 쓰고는 합니다. 빈 공간을 '회의 준비', '마트 장보기' 같은 일들로 가득 채우죠. 쉬는 시간을 따로 적어 본 적이 거의 없습니다.

이제는 '쉬고 싶은 것'도 계획해 보세요. '혼자 산책하기', '책 한 페이지 읽기', '오후 5시부터 핸드폰 꺼 두기'처럼요. 일정을 비워두는 게 아니라, 일정에 쉬는 일을 채워 넣는 겁니다. 휴식을 계획에 포함하면 신기하게도 죄책감이 줄어듭니다. 뇌가 휴식까지 계획의 일부로 인식하기 때문입니다.

넷째, 쉼을 허락하는 문장 써 보기.
휴식이 어색하거나 죄책감이 든다면 휴식을 허락하는 문장을 써서 잘 보이는 곳에 붙여 두세요.

"오늘 고생한 나에게 30분의 자유 시간을 허락하자."
"쉬는 시간은 낭비가 아니라 내일을 위한 충전이다."
"아무것도 하지 않아도 나는 충분히 좋은 사람."

이는 단순한 문장이 아니라 시도 때도 없이 조급해지는 마음을 천천히 이완시키는 일종의 도구가 될 수 있습니다.

 **체크 포인트**
관계가 연습이 필요하듯 휴식도 연습이 필요합니다.

혼자 시간을
쓰는 법

밤에 잠들기 전 불을 끄고 눈을 감습니다. 하루를 마감하는 시간인데도 머릿속은 오히려 더 바빠지고 복잡해집니다. 혼자 있을 때는 원래 생각이 많아지기 마련입니다.

낮에는 사람들과 어울리며 정신없이 지내다가도 방 안에 불을 끄고 혼자 누우면 그제야 억눌렀던 감정과 생각이 쏟아지죠. 혼자가 편하다고 느끼지만 그 고요 속에서 오히려 머릿속이 더 시끄러워질 때가 있습니다.

'오늘 괜찮았나?'
'아까 그 말은 괜히 한 건 아닐까?'

잡생각들이 쉴 새 없이 떠오르고 생각이 생각을 부르며 꼬리를 뭅니다. 이미 끝난 일에 대해 다시 복기하고 하지 않은 일에 대한 걱정을 미리 떠올립니다. 별일 아닌 것 같은데도 머릿속은 자꾸 같은 장면을 되풀이하고 지나간 말들을 되새기며 나를 시험합니다.

'그렇게 말하지 말고, 좀 더 부드럽게 말할 걸 그랬나?'
'이거 혹시 내가 잘못한 건가?'

처음에는 우연히 떠오른 생각들이었지만 어느 순간 왜 이렇게까지 생각하고 있는지 모를 정도로 몰입하게 됩니다. 생각이 깊어지는 게 아니라 생각에 아예 잠식되는 느낌이죠. 머릿속은 뜨겁게 과열되고 마음은 점점 지쳐 갑니다. 화면은 꺼졌는데 내부는 계속 작동 중인 컴퓨터처럼 눈을 감고 있는데도 뇌는 여전히 돌아가는 느낌입니다.

자려고 누웠는데도 머릿속은 잠들 생각이 없습니다. 몸은 침대에 있지만 마음은 하루 종일 달린 트랙 위를 아직 벗어나지 못하고 있는 것이죠. 잠시 정지한 상태처럼요. 하지만 생각은 계속 달리고 있습니다. 결국 잠에 드는 시간은 늦어지고 자고 나도 개운하지 않습니다. 몸은 쉬었지만 마음은 밤새 일을 했으니까요. 눈을 떠도 머리가 무겁고 다시 하루가 시작되는 것이 부담스럽게 느껴집니다. 가끔은 하루만이라도 아무 생각 없이 푹 자고 싶다는 바람이 들기도 합니다.

혼자 있을 때
머릿속이 더 바쁜 사람들

윤아 씨는 평소 활기차고 사교적인 성격입니다. 회사에서도 주도적으로 일하고 친구들과도 두루 잘 어울리는 편이죠. 회식이나 모임 자리에서도 분위기를 이끌어 가고 동료들의 고민을 들어 주기도 합니다. 하지만 퇴근 후 집에 혼자 있으면 상황이 달라집니다. 하루 종일 묻어 둔 생각들이 한꺼번에 몰려옵니다.

"아까 말이 좀 심했나?"
"괜히 나만 튀는 것처럼 보이려나?"

혼잣말처럼 떠오른 질문들이 머릿속을 맴돕니다. 부정적인 감정까지 덧붙여집니다. 자신도 모르게 누군가의 찡그린 표정을 떠올리고, 어떤 대화는 반복 재생하며 멋대로 의미를 분석

합니다. 윤아 씨는 유튜브를 보거나 SNS를 하며 이런 생각들을 덮으려 하지만 그럴수록 머릿속은 복잡해집니다. 마구잡이로 떠오르는 생각을 쉽게 멈출 수가 없죠.

기훈 씨는 성공에 대한 압박, 책임감, 타인의 시선 속에서 늘 바쁘게 움직입니다. 회의 안건을 빠르게 정리하고, 동료의 요청에도 재빨리 응하며, 언제나 준비된 사람이라는 이미지를 유지해 왔습니다. 지금까지는 그렇게 치열하게 사는 것이 당연하다고 믿어 왔고 실제로도 많은 성과를 이뤄 내기도 했죠. 하지만 정작 침대에 누웠을 때, 외부의 자극이 없는 나만의 조용한 시간이 찾아올 때 하루 종일 눌러 뒀던 생각과 감정이 쏟아집니다.

"이번 프로젝트는 괜찮을까?"
"아까 보고할 때 내가 말실수한 건 없었나?"

마치 머릿속에 어떤 저장 장치가 따로 있어 모든 장면을 다시 돌려 보며 검토하는 느낌입니다. 자려고 눈을 감은 뒤에도 생각은 잠들지 않습니다. 결국 밤새 뒤척이다 겨우 잠들고 다음날에도 피로가 가시지 않은 컨디션으로 하루를 시작합니다.

혼자 있으면 대화도, 분주함도 사라지기에 오히려 더 예민해집니다. 낮에는 괜찮았던 조그만 일도 혼자 머릿속에서 반복 재생되면 커다란 불안처럼 느껴집니다. 그래서 혼자가 편한 사람들은 밤에 편안함을 느끼다가도 힘든 감정과 싸울 때가 많습니다.

겉으로 보기에는 잘 지냅니다. 사회생활도 딱히 문제가 없어 보입니다. 하지만 그들은 혼자 있는 시간에도 자신을 들들 볶습니다. 정리되지 않은 감정들이 발단이 돼 빠른 속도로 생각이 과열되죠. 이때 "잊자! 지금부터는 더 생각하지 말자!" 등의 단순한 방식은 큰 도움이 안 됩니다. 생각을 적절히 흘려보내고 감정을 다루는 훈련이 필요하죠.

복잡한 생각을 흘려보내는 세 가지 방법

첫째, 감정 체크하기.

복잡한 생각은 대부분 정리되지 않은 감정에서 시작됩니다. 생각을 정리하기 전에 '내가 지금 무슨 감정을 느끼고 있지?'를 먼저 체크하세요. 불안, 자존심, 외로움 등 감정의 실체를 잡는 게 먼저입니다.

감정을 이름을 붙이는 것만으로 이리저리 조급하게 움직이던 마음의 속도가 느려집니다. 자기 전 3분간 오늘 느꼈던 감정을 2~3개만 적어 보는 것도 도움이 됩니다. 이 연습은 감정과 생각을 분리하고 마음의 복잡함을 줄이는 효과가 있습니다.

둘째, 회전식 메모하기.

생각이 꼬리에 꼬리를 물고 이어질 때는 억지로 끊으려 하지 말고 드는 생각을 그대로 종이에 옮겨 보세요. 감정을 쏟아내듯 마음 가는 대로 적는 것이 핵심입니다.

예를 들어 '오늘 내가 한 말 괜찮았나?', '내일 보고서 어떻게 쓰지?', '그때 그 표정은 무슨 의미였을까?' 등 아무 순서 없이 쏟아 내다 보면 어느 순간 더 쓸 게 없어집니다. 이 메모는 다음날 아침 다시 볼 필요가 없습니다. 흘려보내는 것이 핵심이니까요. 한두 번 해 보면 잠들기 전 머릿속 소음이 눈에 띄게 줄어드는 걸 느낄 수 있습니다.

셋째, 퇴근 루틴 만들기.

퇴근 후에도 머리가 멈추지 않는 이유 중 하나는 회사와 일상이 제대로 분리되지 않았기 때문입니다. 몸은 이미 집에 있지만 머리는 아직 퇴근한 게 아니라 계속 일하는 상태죠. 그래서 의도적으로 하루를 마무리하는 루틴을 만들어야 합니다.

퇴근길에 하루 중 마음에 남은 일을 하나 적어 보거나, 집 도착 후 10분간 불을 끄고 가만히 숨만 쉬는 시간을 마련해 보세요. 짧은 명상도 좋고, 가벼운 음악을 틀며 스트레칭하는 시간을 만드는 것도 좋습니다. 핵심은 지금 내가 있는 곳은 이제부터 쉬어야 할 공간이고 지금 시간은 휴식 시간이라는 걸 자신에게 알리는 겁니다.

혼자라는 시간은 그 시간을 어떻게 쓰느냐에 따라 전혀 다른 결과를 만듭니다. 생각에 잠식돼 지쳐 버리는 혼자가 아니라 마음을 쉬게 하고 회복하는 혼자가 돼야 합니다. 결국 우리가 연습해야 할 것은 혼자 있는 시간을 두려워하지 않고 편안하게 누리는 방법입니다.

"오늘 충분히 애썼어", "완벽하지 않아도 괜찮아", "그 일은 더는 생각하지 않아도 돼"라고 소리 내어 말해 보세요. 누군가 해 주지 않아도 내가 나를 인정해 주면 됩니다. 스스로에게 해 주는 격려가 쌓이면 든든하게 버티는 힘이 될 것입니다.

 **체크 포인트**

부정적인 생각은 방치하지 말고 건강하게 해소하세요.

감정은 모른 체한다고 사라지지 않는다

"요즘 네 마음은 어때?"라고 누군가 물어보면 문득 말문이 막힙니다. '기뻤다', '짜증 났다' 같은 단순한 감정들은 쉽게 떠오르지만 정작 내가 왜 그렇게 느꼈는지, 왜 그 감정을 느끼고 있는지는 설명하기가 어렵습니다. 마치 오래전부터 내 감정에 음소거 버튼을 눌러 둔 것처럼 말이죠.

그런데 혼자 있을 때는 내가 눌러왔던 마음이 고개를 들기 시작합니다. 그 당시는 무심코 지나갔다가 나중에서야 그 감정이 속상함이었다는 사실을 깨달을 때도 있습니다. 그동안 괜찮은 줄 알았고 잘 버티고 있다고 철석같이 믿었던 거죠.

사실 감정은 잘 사라지지 않습니다. 제때 인정받지 못한 감정은 마음속 깊은 곳에 가라앉아 있다가 예상치 못한 순간에 튀어 오릅니다. 그럴 때면 갑작스럽게 눈물이 나고, 엉뚱한 데서 화가 나며, 때로는 불면이나 무기력 같은 신체 반응으로 나타나기도 합니다. 하지만 우리 주변에는 이렇게 말하는 사람들도 있어요.

"저는 감정에 예민한 편은 아니에요."
"웬만한 일에는 별로 반응 안 해요."
"그냥 좀 둔한가 봐요."

하지만 이런 말들 뒤에는 오랜 시간 감정을 의도적으로 차단했던 습관들이 숨어 있습니다. 감정을 느낄 여유도, 표현할 기회도 없이 살아왔기에 무뎌진 것처럼 보이는 것입니다.

"지금 감정을 따질 때야?"
"그건 네가 예민해서 그래."

이런 말을 들으며 살다 보면 지금 내가 느끼는 감정들은 인정하면 안 될 존재처럼 느낍니다. 그 결과 감정을 무시하는 법만 배우고 감정을 마주하는 법은 배우지 못하게 됩니다.

나도 모르게
쌓인 감정이 있다

얼마 전 저는 가족 모임에서 동생으로부터 기분 나쁜 소리를 들었습니다. 이야기를 나누던 동생이 갑자기 다른 가족들이 보는 앞에서 "언니는 사람이 참 차가워"라고 말했거든요. 그 자리에서는 "그래? 그런가?라며 웃어넘겼고 가족들도 민망해하는 것 같아 재빨리 다른 이야기로 화제를 돌려 버렸습니다. 하지만 저녁에 혼자 방에 앉아 있는데 갑자기 눈물이 왈칵 났어요.

'동생 말이 섭섭했나? 가족들 앞에서 나를 그런 식으로 표현해서 내가 속상했던 건가?'

평소 스스로를 예민하지 않고 화를 잘 참는 담담한 성격이라고 생각했기 때문에 동생의 말이 당황스러웠습니다. 그러다가 문득 이런 비슷한 상황이 과거에도 꽤 있었던 것 같아 갑자기 분노가 느껴지기도 했어요. 그동안 내 감정을 제대로 인정하고 받아들이는 방법을 몰랐다는 생각이 듭니다.

준호 씨는 주변에서 '쿨하다'는 말을 자주 듣습니다. 감정에 휘둘리지 않고 쉽게 동요하지 않는 태도 덕분에 늘 성숙하고 여유 있어 보인다는 이야기를 듣고는 했죠. 회사에서도 감정을 잘 드러내지 않아 감정 기복 없이 묵묵히 일하는 사람이라는 평가를 받았고, 연인과의 관계에서도 갈등이 생겼을 때 감정보다는 이성적으로 관계를 풀려는 편이었습니다.

준호 씨 스스로도 이런 이미지가 싫지는 않았습니다. 힘든 일이 있어도 "별일 아냐" 하고 넘기고 서운한 말을 들어도 "그럴 수도 있지" 하며 눌러두는 자신을 보며 스스로가 감정을 잘 관리한다고 여겼습니다. 마음속에서 어떤 감정이 올라와도 곧바로 다른 생각으로 덮어 버리거나 우선 논리적으로 이해하려 애쓰는 편이었죠. 감정이 휘몰아치는 사람보다 그런 감정을 제어하는 사람이 더 강하다고 믿었습니다.

하지만 어느 날 친구들과 대화를 나누던 중 누군가 무심코 말했어요.

"넌 감정을 너무 안 드러내. 무슨 생각 하는지 잘 모르겠어."

그 말이 준호 씨의 마음에 오래 남았습니다. 그동안 감정을 드러내지 않는 것이 성숙함의 상징이라 여겼는데, 어쩌면 내가 감정을 안 느끼는 게 아니라 '안 느끼려 애쓰고 있었던 건 아닐까' 하는 의문이 들었습니다.

혼자일 때는 이런 의문이 더 선명해집니다. 감정을 꺼내지 않고 조용히 삼켜 왔던 시간이 길수록 혼자 있는 순간 갑자기 찾아오는 공허감이나 낯선 불편함이 더 크게 다가옵니다. 혼자 있는 시간이 편안해야 하는데 오히려 감정의 빈자리를 마주하는 시간이 되고는 하죠.

감정을 되찾기 위한
일상의 실천

감정을 억제하거나 숨기는 사람들은 대개 스스로를 감정적으로 안정된 사람이라 착각합니다. 하지만 감정을 표현하지 않는다고 감정이 없는 것은 아닙니다. 오히려 감정을 오래 억누른 사람일수록 작은 자극에도 예민하게 반응하거나 순간 느끼는 감정을 말로 설명하지 못하고 그 감정에 매몰되기 쉽습니다. 나 자신도 이유를 모르는 피로감이나 분노에 시달리기도 하죠. 이는 과거에 괜찮은 척하며 지나쳐 온 감정들이 쌓이고 쌓인 결과입니다.

그렇다면 굳이 감정을 느껴야 하는 이유가 있을까요? 물론입니다. 감정을 제대로 느끼거나 읽지 못하면 감정을 현명하게 다루는 힘도 약해집니다. 본인의 상태를 정확히 알지 못하니 오히려 감정에 압도되거나 휘둘리는 상황이 올 수 있어요.

감정은 때로는 우리를 힘들게 하지만 삶을 풍요롭게 만들고 나 자신을 동기 부여하며 사람들과의 관계를 원활하게 이어 주기도 해요. 그래서 감정을 차단하는 건 내 마음의 중요한 장치 하나를 꺼 버리는 것과 같아요. 감정을 제대로 느낄 수 있다는 건 축복입니다. 어떻게 하면 감정을 더 깊고 온전히 느낄 수 있을까요?

첫째, 몸의 반응 느끼기.

감정을 느끼기 어려울 때는 몸이 보내는 신호에 집중해 보세요. 가슴이 답답하거나, 목이 뻐근하거나, 눈이 쉽게 피로해지는 느낌처럼요. 감정은 발생하는 순간 반드시 신체적 변화를 동반합니다. '지금 내 몸은 어떤 감정을 보내는 걸까?'라며 자신을 조용히 돌아보세요. 감정을 표현할 명확한 단어가 떠오르지 않아도 괜찮습니다. "힘들어", "불편해", "이상해" 등 흐릿한 단서만 잡아도 충분합니다.

둘째, 감정 재생 버튼 누르기.

하루 중 인상 깊었던 장면을 떠올리고 그때 어떤 감정을 느겼는지 짧게 적어 보세요. 예를 들어 오늘 직장에서 겪었던 상황들에서 내가 포착한 감정은 어떤 것이었나요?

- 회의 중 팀장이 내 말을 끊었을 때.
→ 약간 창피했다.

- 후배가 고마워할 때.
→ 기뻤던 것 같다.

중요한 건 명확한 감정을 찾아내는 게 아니라 감정을 느끼려는 시도를 하는 것입니다. 익숙하지 않아도 괜찮습니다. 처음에는 막연해도 이런 연습들이 쌓이면 무뎌진 감정 감각이 조금씩 깨어납니다.

셋째, 때로는 그대로 있기.
어떤 날은 아무 감정도 느껴지지 않을 수 있어요. 그런 날에는 억지로 감정을 끌어내려고 애쓰기보다 편하게 있으면 됩니다. 감정은 찾아내는 것도 중요하지만 기다려 주는 시간도 필요합니다. 잘 느껴지지 않는다고 조급할 필요 없습니다. 시간이 지나면 감정은 천천히 돌아오기 마련입니다.

넷째, 감정 어휘력 높이기.

"짜증 나", "기뻐", "서운해" 같은 일차적인 감정도 물론 의미 있지만, 조금 더 세심한 감정까지 표현하는 연습을 하면 좋습니다. 감정의 종류와 강도를 조금만 더 정확하게 표현하면 내 마음을 더 잘 이해할 수 있고 타인과의 소통도 훨씬 부드러워집니다. 예를 들어 이렇게 바꿔 볼 수 있어요.

- 짜증 나: 귀찮았어. 무시당한 기분이었어.
- 서운해: 나를 신경 쓰지 않는 느낌이 들었어.
- 불안해: 준비가 덜된 것 같아. 예측되지 않는 게 힘들어.
- 외로워: 나를 이해하는 사람이 아무도 없는 것 같아.

혼자 있는 시간을 부정적인 감정에 빠져 괴로워하는 시간에서 그 감정과 화해하는 시간으로 바꾸는 게 중요합니다. 스스로 감정을 회복하는 시간을 보낼 수 있게 될 때 비로소 우리는 자기 자신과 다시 연결될 수 있습니다.

 **체크 포인트**

마음 한편에 숨어 있는 해결되지 않은 감정을 찾아보세요.

지금의 나를
있는 그대로 받아들이기

혼자 있을 때 우리는 가장 솔직해집니다. 누구에게도 보여주지 않은 표정과 생각, 감정이 그때 비로소 드러나죠. 사람들과 있을 때는 애써 괜찮은 척 넘어가지만 막상 혼자가 되면 부족함과 불완전함이 적나라하게 보이니까요.

'나는 왜 이렇게 모자랄까?'
'언제쯤 괜찮은 내가 될 수 있을까?'

이런 질문이 더 크게 다가오는 순간이야말로 스스로와 마주하는 시간이자 진짜 마음의 소리가 들리는 때입니다.

우리는 종종 '완벽해져야 사랑받을 수 있다'고 생각합니다. 더 성숙하고, 더 유능하고, 더 괜찮은 사람이 돼야만 관계를 잘 맺을 수 있다고 여기죠. 하지만 누구나 삶을 살아갈수록 나 자신이 불완전한 존재라는 걸 매 순간 깨닫게 됩니다. 아무리 애써도 완벽해지지 않고, 어느 날은 더 무기력하고, 더 조급하고, 더 지쳐 있는 나를 발견하게 되죠.

요즘처럼 성장이 강조되는 시대에 우리는 계속 발전해야 한다는 압박감을 느끼며 살아갑니다. 멈춰 있으면 안 되는 것 같고 조금만 느려도 뒤처지는 것 같죠. SNS를 보면 모두가 나보다 더 똑똑하고, 성숙하고, 자기 삶을 잘 꾸려 가는 사람처럼 보입니다. 나만 유난히 부족한 것 같고, 나만 아직 제대로 어른이 되지 못한 것 같아서 마음이 작아집니다.

하지만 비교는 허상입니다. 완벽함은 애초에 존재할 수 없는 목표니까요. 누구도 완전히 준비된 상태로 삶을 살아가지 않습니다. 그렇기에 내가 완성돼야만 관계를 잘 맺을 수 있다는 믿음은 절반의 진실일 뿐입니다. 불완전한 상태에서도 우리는 연결될 수 있고 의미 있는 삶을 살아갈 수 있습니다.

가끔은 내 안의 부족함을 감추느라 더 지치기도 합니다. 실수하지 않으려 애쓰고, 감정을 드러내지 않으려 애쓰고, 누군가의 기대에 맞추기 위해 진짜 나를 억누릅니다. 하지만 완벽한 척하는 삶은 오래 가지 못합니다. 금방 지치고 무너지게 되니까요. 현재의 내 모습을 있는 그대로 인정할 수 있어야 타인의 기대와 시선에서 자유로워질 수 있습니다. 진짜 자기 수용은 지금의 나를 잠시 멈춰 바라보는 데서 시작합니다.

부족한 나를
인정하는 용기

30대 후반인 윤재 씨는 대기업에서 팀 리더를 맡고 있습니다. 실적도 좋고, 팀원 관리도 원만하며, 가정생활도 큰 문제 없이 잘 해내고 있죠.

그러나 마음 한구석에는 늘 부족하다는 감정이 따라다닙니다. 보고서 하나를 넘기고 나서도 '좀 더 완벽하게 썼어야 했는데', 회의가 끝나고 나서도 '말을 왜 그렇게밖에 못했지' 하고 자신을 자꾸만 깎아내리게 돼요. 주변에서는 윤재 씨를 성실하고, 책임감 넘치고, 성격도 좋은 사람이라고 칭찬합니다. 하지만 정작 본인은 스스로를 애매하고 어설픈 사람이라 느낍니다.

특히 SNS에서 동기들의 해외연수 사진을 보거나 승진했다는 글을 읽을 때면 마음이 심란해집니다. '나는 왜 늘 제자리일까?' 하는 생각이 머릿속에 맴돌고, 그러다 보면 모든 의욕이 사라집니다. 아이가 다가와서 놀자고 해도 귀찮고 아내의 사소한 말도 전과는 다르게 화가 치솟습니다. 자신을 더 나은 사람으로 만들기 위해 몰아붙일수록 점점 지쳐 가는 느낌입니다.

지혜 씨는 30대 중반의 워킹맘입니다. 결혼 전에는 활발하고 주도적인 사람이었고, 회사에서도 누구보다 책임감이 강하다는 평가를 받았습니다. 빠르게 일을 처리하고 누구보다 꼼꼼하게 보고서를 챙기던 그 시절의 자신에게 자부심도 있었죠.

하지만 출산 후 상황은 많이 달라졌습니다. 육아, 일, 가사까지 감당하다 보니 늘 피곤하고 예전처럼 일에 몰입하기도 어려워졌습니다. 중요한 프로젝트에서 자주 빠지게 되고 육아 때문에 조퇴나 재택을 요청할 때면 괜히 미안해집니다. 스스로가 예전만 못하다고 느껴지는 순간이 반복되고 사소한 실수 하나에도 자책이 심해졌습니다. "왜 이렇게 집중이 안 되지?", "예전 같았으면 이 정도는 문제도 아니었을 텐데" 하며 자신을 다그치게 됩니다.

특히 회사에서 새로 들어온 후배가 빠르게 성장하는 걸 보면 진심으로 축하하면서도 한편으로는 위기감이 느껴지기도 합니다. 예전의 나는 자신감 넘치고 리더십도 있었는데 지금의 나는 그저 버티는 사람처럼 느껴지기 때문입니다.

나를 제대로 아는 사람은 나뿐이다

그러나 불완전함은 누구에게나 있습니다. 그것을 인정하고 받아들이는 데 꽤 큰 용기가 필요할 뿐이죠. 나만 유독 부족해 보이고 남들보다 뒤처진 것 같을 때 우리는 본능처럼 자신을 숨기거나 몰아붙이게 됩니다. 관계를 잘 맺고 싶고 삶을 잘 살아 내고 싶은 마음은 간절하지만 결핍 때문에 그럴 수 없을 거라는 생각이 자꾸 발목을 잡죠.

하지만 결국 우리를 더 나은 방향으로 이끄는 시작점은 완벽한 모습이 아니라 지금의 나를 잠시 멈춰 바라보는 데서 시작합니다. 있는 그대로의 나를 인정하는 연습 없이는 진짜 변화도 단단한 관계도 만들기 어렵습니다. 지금 이 자리에서 '오늘의 나도 괜찮다'고 말할 수 있어야 앞으로도 스스로를 믿고 나아갈 수 있습니다.

첫째, 잘못된 기준 목록 점검하기.
왜 우리는 남들보다 빨라야 하나요? 왜 항상 좋은 모습만 보여야 하나요? 이런 생각과 기준은 과연 내가 진짜로 동의하는 생각인가요? 아래 질문을 적어 보며 지금 나를 옭아매는 생각의 틀을 점검해 보세요.

"나는 왜 이 정도로는 부족하다고 느낄까?"
"이건 누가 만든 기준일까?"
"이 기준을 지키지 않으면 실제로 어떤 일이 생길까?"

질문들에 답을 적다 보면 기준을 바꾸지 않아도 시야가 훨씬 유연해집니다.

둘째, 미완성 기록 만들기.
우리는 완벽하게 해낸 일만 자랑스럽게 느끼지만 사실 어설픔을 이겨 내고 성장한 경험도 많습니다. 완벽하지 못해도 결국 의미 있었던 순간을 기억해 보세요.

회의에서 말을 더듬었지만 끝까지 전달했다.
아이에게 화를 냈지만 그 뒤에 사과하고 안아 줬다.
운동을 끝까지 지속하지는 못했지만 일주일 동안 열심히 했다.
마감은 늦었지만 프로젝트의 완성도는 높았다.

이런 기록들은 결국 나의 실수와 미완성을 긍정하는 신호입니다. '완벽하지는 않았지만 괜찮았다'고요.

셋째, 있는 그대로 보여 주기.
진짜 자기 수용은 관계 안에서 나를 드러낼 때 완성됩니다. 매일 하루에 한 번 있는 그대로의 나를 보여 주는 작은 행동들을 실험해 보세요.

실수했을 때 괜찮은 척하지 않고 "제가 놓쳤네요"라고 말하기.
피곤한 날 억지로 밝게 행동하지 말고 "오늘은 좀 지쳤어요"라고 표현하기.
모르는 질문을 받았을 때 "이건 잘 모르겠어요"라고 인정하기.
약속을 지키지 못했을 때 변명 대신 "미안해요"라고 사과하기.

이런 행동이 익숙해지면 관계가 오히려 더 깊어지고 더 편안해집니다. 사람들은 잘 꾸며진 나보다 진짜 나를 보여 준 순간에 더 깊이 연결되니까요.

결국 혼자일 때 드러나는 불완전한 나를 나 스스로가 인정할 수 있어야 합니다. 그 시간을 두려움이 아니라 회복의 기회로 바라볼 때 우리는 스스로와 단단히 연결되고 관계에서도 더 자유로워질 수 있습니다.

 **체크 포인트**

불완전하고 서툰 나를 안아 줄 수 있을 때 우리는 진짜 어른이 됩니다.

혼자가 편한 사람을 위한 질문들

○ 불완전한 내 모습 중 어떤 부분을 인정하면 내 마음이 더 편해질까?

○ 혼자 있는 시간을 회복의 시간으로 바꾸려면 어떤 작은 행동부터 시작하면 좋을까?

○ 나를 있는 그대로 받아들인다면 지금 내가 맺고 있는 관계에서 어떤 부담을 내려놓을 수 있을까?

○ 나를 따뜻하게 대하는 게 편해지면 주변 사람들에게는 어떤 영향이 갈까?

○ 내가 두려운 건 관계를 멈추는 일 자체일까? 멈춤 속에서 드러나는 내 진짜 마음일까?

○ 나는 휴식 시간에 무엇으로 체력을 충전하나?

○ 반복되는 걱정을 흘려보낼 수 있다면 사람들과의 대화는 어떻게 달라질까?

○ 적정한 거리를 유지하기 위해 어떤 회복 루틴을 만들면 좋을까?

○ 속상한 감정을 덮지 않고 솔직히 인정한다면 내가 맺는 관계는 어떻게 달라질까?

○ 완벽해야 한다는 압박을 내려놓는다면 관계에서 내 모습을 더 편하게 드러낼 수 있을까?

끝맺는 말
◆
다시 나다운 속도로, 나만의 방식으로

 어른이 되면 인간관계쯤은 거뜬히 잘하게 될 줄 알았습니다. 태어나면서부터 지금까지 늘 사람들과 더불어 살아왔으니까요. 하지만 현실은 달랐습니다. 회사에서, 가족 안에서, 친구와 연인 사이에서 우리는 여전히 서툴고, 때때로 깊이 상처받기도 합니다. 내 감정은 온전히 말로 전달되지 않고 상대의 말은 처음 의도와 다르게 상처로 남습니다. 그럴 때면 혼자 끙끙 앓거나 괜히 외면하거나 아예 더는 기대하지 않게 되기도 하죠.

 이 책은 혼자가 더 편한 사람들을 위한 작은 관계 연습장입니다. 혼자가 편한 마음은 잘못이 아니라 당신의 기질일 뿐입니다. 혼자가 편하더라도 얼마든지 함께 할 친구, 편히 기대서 쉴 가족, 마음을 털어놓을 동료와 이어질 수 있습니다. 중요한 건 억지로 어울리는 게 아니라 당신의 속도와 방식 안에서 관계를 만들어 가는 것이죠.

당장 듣기 좋은 말 대신 진실된 마음을 읽을 줄 아는 사람.
사람과 사람 사이 적당한 거리를 잴 줄 아는 사람.
타인의 기대에 나를 끼워 맞추기보다 나답게 관계를 맺을 줄 아는 사람.

그렇게 부드럽지만 단단하게, 관계에 휘둘리지 않으면서도 따뜻하게 마음을 주고받는 방법이 있다는 걸 알리는 것. 이것이 이 책을 쓴 이유입니다.

이제 연습은 끝났습니다. 실전만 남았습니다. 다시금 내 주위 사람들에게로 돌아갈 시간입니다. 망설이지 말고 나아가세요. 당신은 생각보다 훨씬 잘할 수 있을 겁니다.

혼자가 편한 사람을 위한 관계 연습

ⓒ 함규정 2025

인쇄일 2025년 9월 16일
발행일 2025년 9월 23일

지은이 함규정
펴낸이 유경민 노종한
펴낸곳 유노북스
기획마케팅 1팀 우현권 이상운 **2팀** 이선영 최예은 전예원 김민선
디자인 남다희 홍진기 허정수
기획관리 차은영
등록번호 제2015-000010호
주소 서울시 마포구 동교로17안길 51, 유노빌딩 3~5층
전화 02-323-7763 **팩스** 02-323-7764 **이메일** info@uknowbooks.com

ISBN 979-11-7183-141-8 (03190)

- ― 책값은 책 뒤표지에 있습니다.
- ― 잘못된 책은 구입한 곳에서 환불 또는 교환하실 수 있습니다.
- ― 유노북스, 유노라이프, 유노책주, 향기책방은 유노콘텐츠그룹의 출판 브랜드입니다.